¿QUÉ ES LA COMUNICACIÓN CIENTÍFICA?

JUDITH LICEA DE ARENAS Y MIGUEL ARENAS

Número de Control de la Biblioteca del Congreso de EE. UU.:   2015920270
ISBN: Tapa Dura   978-1-5065-0805-4
                      Tapa Blanda   978-1-5065-0811-5
                      Libro Electrónico   978-1-5065-0810-8

Para realizar pedidos de este libro, contacte con:
Palibrio
1663 Liberty Drive
Suite 200
Bloomington, IN 47403
Gratis desde EE. UU. al 877.407.5847
Gratis desde México al 01.800.288.2243
Gratis desde España al 900.866.949
Desde otro país al +1.812.671.9757
Fax: 01.812.355.1576
ventas@palibrio.com
723147

Nuestra ambición sería que [...] se enseñe a investigar y a pensar,
investigando y pensando.
Justo Sierra

PRESENTACION

Idealmente todo estudiante de licenciatura o de posgrado debería tener conocimiento de lo que es la comunicación científica. Frecuentemente, la realidad es otra, motivo por el cual se presenta un texto que reúne respuestas, dispersas en diferentes fuentes de información, a interrogantes que surgen en las aulas universitarias y fuera de ellas. Deseamos que los futuros profesionales así como los egresados universitarios resuelvan aquí las dudas que se les presenten en algún momento de sus vidas.

Las preguntas se agrupan en el documento de manera lógica, es decir, tal como se realiza la investigación-comunicación científica. Las interrogantes se identifican en el texto con LETRAS MAYUSCULAS; las respuestas con letra MINÚSCULA y, la mayoría de las veces se envía al lector a la o las fuentes originales o a las que pueden ampliar su conocimiento agrupadas bajo el rubro REFERENCIA o REFERENCIAS.

Queremos mostrar nuestra gratitud a todas las personas que de una u otra manera han estado cercanos en el proceso de creación de este ejercicio académico sirviéndonos de conejillos de Indias, a los que nos han alentado a hacerlo para contribuir a la formación de estudiantes, principalmente los que apenas inician sus carreras universitarias, a los que lo han leído en partes o en su totalidad, estimulándonos a seguir adelante, corrigiendo o eliminando. A Rebeca y a Judit por recordarnos diariamente lo que es importante. A Jerónimo por aceptar su iniciación en la investigación desde edad temprana. A los muchos *liceos* y *granitos de arenas*, a los amigos de la adolescencia y juventud y a entrañables maestros como Andrés Henestrosa, Alicia Perales y José Ignacio Mantecón, a amigas, amigos y colegas: Mercedes Villaseñor de Del Pozo, Gloria Escamilla y Rubén Escudero.

Finalmente, el agradecimiento a nuestra Madre Cariñosa, la Universidad Nacional Autónoma de México, en particular a la Dirección General de Personal Académico por el apoyo para realizar una estancia sabática, a la Unidad Xochimilco de la Universidad Autónoma Metropolitana y a la Universidad de Murcia en España por permitirnos hacer lo que nos es vital.

Índice

LA INVESTIGACIÓN CIENTÍFICA

¿QUÉ ES LA CIENCIA?	De acuerdo con Kant, la ciencia es un sistema de conocimiento organizado.

REFERENCIA:
Vinkler P. The evaluation of research by scientometric indicators. Oxford: Chandos; 2010.

¿HAY CIENCIAS DURAS Y CIENCIAS BLANDAS?	Algunos autores consideran que lo duro de una disciplina lo determina la dificultad para hacer una contribución al conocimiento y, por tanto, del riesgo del científico cuando intenta hacer una aportación, además de que los errores en las ciencias duras son fáciles de detectar, de ahí el cuidado con que debe hacerse una investigación en dichas ciencias.

Ciencias duras

- Física
- Química
- Bioquímica

Ciencias duras-blandas

- Botánica
- Zoología
- Economía

Ciencias blandas

- Psicología
- Sociología
- Ciencia política

REFERENCIA:
Storer NW. The hard sciences and the soft: some sociological observations. Bulletin of the Medical Library Association 1967; 55: 75-84.

¿CUÁL ES EL OBJETIVO DE LA CIENCIA?	El objetivo de la ciencia es producir y comunicar conocimiento científico.

REFERENCIA:
Vinkler P. The evaluation of research by scientometric indicators. Oxford: Chandos; 2010.

¿QUÉ ES LA INVESTIGACIÓN CIENTÍFICA?	Es un sistema organizado de generación de información.

REFERENCIA:
Vinkler P. The evaluation of research by scientometric indicators. Oxford: Chandos; 2010.

¿QUÉ ES UNA LEY?	Una ley es un enunciado universal corroborado. De esta manera, se reconoce como parte del cuerpo de conocimientos científico. Varias disciplinas cuentan con leyes, por ejemplo, la química, la física, etcétera.

REFERENCIA:
Krebs CJ. Hypothesis testing in ecology. En Research techniques in animal ecology. New York: Columbia University; 2000. p. 1-14.

¿QUÉ ES UN PRINCIPIO?	Es un enunciado universal que se acepta por ser una definición o una adopción de una ley.

REFERENCIA:
Krebs CJ. Hypothesis testing in ecology. En Research techniques in animal ecology. New York: Columbia University; 2000. p. 1-14.

| ¿QUÉ ES UNA TEORÍA? | Es un conjunto de hipótesis que explican una proporción significativa de observaciones científicas. |

REFERENCIA:
Krebs CJ. Hypothesis testing in ecology. En Research techniques in animal ecology. New York: Columbia University; 2000. p. 1-14.

| ¿QUÉ ES UNA HIPÓTESIS? | La hipótesis es una proposición que busca una explicación; las hipótesis predicen lo que se va a estudiar. Cabe mencionar que las hipótesis deben estar apoyadas en un buen marco teórico |

REFERENCIA:
Krebs CJ. Hypothesis testing in ecology. En Research techniques in animal ecology. New York: Columbia University; 2000. p. 1-14.

| ¿QUÉ ES UN MODELO? | **Es una representación verbal o matemática de una hipótesis.** |

REFERENCIA:
Krebs CJ. Hypothesis testing in ecology. En Research techniques in animal ecology. New York: Columbia University; 2000. p. 1-14.

| ¿QUÉ ES UN EXPERIMENTO? | Es la prueba de una hipótesis. |

REFERENCIA:
Krebs CJ. Hypothesis testing in ecology. En Research techniques in animal ecology. New York: Columbia University; 2000. p. 1-14.

¿QUÉ ES UN HECHO?	Un hecho es una verdad.

REFERENCIA:
Krebs CJ. Hypothesis testing in ecology. En Research techniques in animal ecology. New York: Columbia University; 2000. p. 1-14.

¿QUÉ ES UN DATO?	La representación de uno o varios hechos o ideas susceptibles de ser comunicados o procesados.

REFERENCIAS:
Zins C. Conceptual approaches for defining data, information, and knowledge. Journal of the American Society for Information Science and Technology. 2007; 58: 479-493.
Zins C. Knowledge mapping research. Disponble: http://www.success.co.il/is/dik.html

¿QUÉ ES INFORMACIÓN?	El significado que los individuos dan a los datos.

REFERENCIAS:
Zins C. Conceptual approaches for defining data, information, and knowledge. Journal of the American Society for Information Science and Technology. 2007; 58: 479-493.

Zins C. Knowledge mapping research. Disponble: http://www.success.co.il/is/dik.html

¿QUÉ ES UN PARADIGMA?	De acuerdo con Kuhn, un paradigma es una serie de realizaciones científicas que durante un tiempo proporcionan modelos de problemas y soluciones a una comunidad científica.

REFERENCIA:
Kuhn T. The structure of scientific revolutions. Chicago: University of Chicago; 1970.

¿SÓLO HAY UN MÉTODO CIENTÍFICO?	Sí, se trata de un método general que se aplica a todas las disciplinas, sin embargo, en cada una de ellas se particulariza el método, es decir, se manifiesta de manera diferente en la matemática, sociología o psicología.

REFERENCIA:
Gortari E de. Metodología general y métodos especiales. México, Océano; 1983.

¿QUÉ ES LA METODOLOGÍA?	El estudio de los métodos.

REFERENCIA:
Gortari E de. Metodología general y métodos especiales. México, Océano; 1983.

¿ES EL MÉTODO CIENTÍFICO UN PROCESO?	El método científico es un proceso en el que se distingue: • La delimitación y simplificación de la investigación o problema. • El planteamiento de una hipótesis de trabajo. • La elaboración de un diseño experimental. • La realización de la investigación. • El análisis de los resultados. • La interpretación de los resultados. • La redacción de un informe de la investigación –el cual puede tener diferentes presentaciones: tesis, artículo científico, cartel, etcétera.

REFERENCIA:
Gortari E de. Metodología general y métodos especiales. México, Océano; 1983.

¿PUEDE HABLARSE DE MODALIDADES O FASES DEL MÉTODO?	Sí, puede decirse que existen las siguientes tres modalidades o fases: • Fase investigadora: construcción de datos empíricos • Fase de sistematización: interpretación de los resultados • Fase de comunicación: proceso mediante el cual se dan a conocer los hallazgos, ya sea verbalmente o por escrito

REFERENCIA:
Gortari E de. Metodología general y métodos especiales. México, Océano; 1983.

¿A QUÉ SE LLAMA LA RUTA CRÍTICA DE LA INVESTIGACIÓN?

El estudio de algún problema de investigación tiene que hacerse a partir de una ruta crítica, puesto que es sabido que el conocimiento científico se logra a través de un método, o sea una forma de indagación, un procedimiento o camino previamente establecido. De esta manera, es conveniente proceder como sigue:

1. Determinar el tema de la investigación

2. Establecer el objeto de estudio, es decir, tratar de analizar científicamente un fenómeno real, objetivo y comprobable.

   a. La delimitación física-espacial lleva a delimitar el objeto de estudio.
   b. La delimitación en el tiempo lleva a establecer el periodo de análisis.
   c. En cuanto a la delimitación semántica, se entiende que el problema y sus enunciados tienen un significado claro, libre de ambigüedades.
   d. A continuación, se enuncia la oración tópica que equivale a la intención de llegar al conocimiento: *el propósito de esta investigación es determinar . . .*
   e. Entre los recursos para llevar a cabo la investigación destacan: el número de personas necesarias para llevar a cabo el estudio y el tiempo requerido para ello

3. Elaborar el marco teórico indispensable para producir conocimiento científico nuevo, es decir, hay que conocer los estudios teóricos y metodológicos previos. La revisión de la literatura a partir

de su identificación en bases de datos o en bibliografías impresas es indispensable. Los proveedores como *Academic Search Complete* proporcionan referencias o documentos en texto completo sobre el tema. También, a través de buscadores como *Google Scholar* o *Scopus* pueden obtenerse documentos, siempre y cuando cumplan con los requisitos de autoridad de las instituciones de las que emanaron o reputación de los autores. Se sugiere, asimismo, limitar la búsqueda a un periodo cronológico y a artículos con arbitraje publicados en revistas.

4. Formular, de acuerdo con lo anterior, la pregunta científica -o planteamiento del problema- significativa, es decir, que sólo pueda ser respondida por medio de la investigación y, además realizable en términos de tiempo y recursos disponibles. Cabe señalar que las creencias, opiniones o puntos de vista del investigador deben quedar fuera. Si se hacen recomendaciones, éstas deben estar basadas en las evidencias y en las conclusiones a las que se llegó.

5. Redactar el o los objetivos de la investigación que se formularán en función del interés por lograrse de manera inmediata o mediata, de su alcance: generales o específicos o su orientación: prácticos o teóricos.

6. Proceder a la formulación de la o las hipótesis, que son enunciados para ser contrastados en la realidad. Las hipótesis pueden ser de diferente tipo, las de primer grado tratan de establecer

las características de un fenómeno. Las hipótesis de segundo grado incluyen variables, una llamada variable independiente y la otra dependiente. La primera es la causa del fenómeno y la dependiente es el efecto o consecuencia del mismo.

7. Contrastar las hipótesis mediante la observación, la medición o la experimentación con el fin de comprobar si la hipótesis previamente formulada es falsa o verdadera a través de los datos analizados.

8. Conocer los métodos, técnicas y los instrumentos a utilizar para el acopio de datos.

REFERENCIA:
Dieterich H. Nueva guía para la investigación científica. México: Orfila; 2011.

¿QUÉ ES UN MÉTODO, UNA TÉCNICA O UN INSTRUMENTO PARA ACOPIAR DATOS?

Se ha propuesto que se establezcan previamente las relaciones que existen entre esos tres medios para llevar a cabo una investigación, a saber:

- Indicadores: ¿qué se investiga?
- Método: ¿cómo?
- Técnicas: ¿a través de qué?
- Instrumentos: ¿con qué?

REFERENCIA:
Rojas Soriano R. Guía para realizar investigaciones sociales. 38 ed. México: Plaza y Valdés; 2013.

¿CUÁL ES LA INVESTIGACIÓN PRIMARIA?	Es aquella que utiliza la encuesta, las entrevistas, observaciones e investigación etnográfica para acopiar datos.
¿QUÉ INFORMACIÓN PROPORCIONAN LAS ENTREVISTAS?	Las entrevistas tienen lugar en sesiones de preguntas-respuestas y son útiles si se quiere conocer la opinión de un grupo reducido de personas sobre algún asunto.
¿QUÉ SON LAS ENCUESTAS?	Las encuestas son otra forma de conocer la opinión de un grupo numeroso de personas acerca de un tema.
¿EN QUÉ CONSISTE LA OBSERVACIÓN?	Es la obtención directa, libre de sesgos, de personas, lugares o acontecimientos

¿PARA QUÉ LEEN LOS CIENTÍFICOS?

Los científicos leen no sólo para mantenerse actualizados sino para buscar algún cabo suelto que hubiese quedado de otra investigación. El científico sagaz puede formular, por tanto, nuevas preguntas de investigación e involucrarse en otros proyectos. Asimismo, lee para identificar métodos o técnicas utilizadas en diferentes circunstancias, replicar investigaciones, advertir errores en la forma en que se reportó la investigación objeto de atención y, si es el caso, hacerlos del dominio público. Sin embargo, hay que señalar que el científico debe leer la literatura vigente, relevante, la que reúne criterios de calidad, la que frecuentemente se publica en las revistas centrales.

Los científicos se incluyen en la categoría de lectores profesionales, sin embargo, pueden ser, también, lectores ciudadanos y lectores digitales, es decir, es posible que realicen lecturas para disfrutarlas o para relacionarlas con el mundo que los rodea, en formatos impreso o digital. En resumen, la lectura ayuda a comprender el mundo.

¿SE NECESITA LEER MUCHO PARA PODER ESCRIBIR EN CIENCIA?

Los niños para aprender a escribir tienen que saber leer. En ciencia, para poder escribir se necesita leer, leer y leer los resultados de investigaciones publicadas en revistas prestigiosas y, después, comenzar a escribir.

REFERENCIA:
Epstein D, Kenway J, Boden R. Writing for publication. London: Sage; 2007.

¿POR QUÉ TIENE QUE LEERSE MUCHO?	A menos que se conozca lo que otros han escrito se estará en posibilidad de advertir si lo que se intenta o está investigando puede ser original, una aportación de interés para la comunidad científica. De lo contrario, el esfuerzo será inútil.
	Las lecturas sirven para encontrar en escritos previos lo bueno y lo malo, lo viable y lo inviable, lo que se puede reproducir o lo irreproducible.

REFERENCIA:
Epstein D, Kenway J, Boden R. Writing for publication. London: Sage; 2007.

¿DEBEN DESARROLLARSE HABILIDADES DE LECTURA?	Sí, la lectura tiene que ser sistemática y rigurosa.

REFERENCIA:
Epstein D, Kenway J, Boden R. Writing for publication. London: Sage; 2007.

¿LA LECTURA DEBE SER UN HÁBITO?	Sí, no importa que la cantidad de trabajo que se tenga que hacer; tiene que encontrarse el tiempo suficiente para leer y meditar y no dejar la lectura para cuando no se tenga otra cosa que hacer, es decir, para "matar el tiempo". La vida tiene que organizarse para destinar, dependiendo del nivel de estudios, un número de horas determinadas. Por ejemplo, los estudiantes de licenciatura deben leer ocho horas diarias, diez los de maestría y doce los de doctorado, lo cual enseña que los estudios

| | profesionales y los de posgrado son cosa seria, que no se hacen para decir que se está inscrito en una universidad. Las universidades, por su parte, deben dar cabida a todas las corrientes del pensamiento plasmadas en recursos de información disponibles en o a través de sus bibliotecas. |

REFERENCIA:
Epstein D, Kenway J, Boden R. Writing for publication. London: Sage; 2007.

| **¿CÓMO SE DEBE LEER?** | Leer publicaciones científicas no es como leer una novela. Las publicaciones científicas deben leerse "haciéndoles" preguntas. El lector también tiene que interrogarse a sí mismo: ¿estoy de acuerdo con lo que estoy leyendo? ¿me convencieron las hipótesis, los objetivos, la forma como se hizo la investigación? ¿los resultados fueron relevantes? ¿se hizo una buena interpretación de los resultados? ¿quedó algún cabo suelto para una exploración futura? |

REFERENCIA:
Epstein D, Kenway J, Boden R. Writing for publication. London: Sage; 2007.

| **¿SOBRE QUÉ SE DEBE LEER?** | Hay que leer de una variedad de temas aquello que sea realmente relevante. Algunas veces surgen ideas útiles al propio trabajo. |

REFERENCIA:
Epstein D, Kenway J, Boden R. Writing for publication. London: Sage; 2007.

| ¿CÓMO APROVECHAR EL TIEMPO DEDICADO A LA LECTURA? | Cuando se trata de artículos de revistas es conveniente leer primero el resumen para decidir si el texto que se está leyendo puede abandonarse, dejarse para más tarde o continuarlo. Si se trata de libros, hay que leer el índice; la introducción también es de ayuda. |

REFERENCIA:
Epstein D, Kenway J, Boden R. Writing for publication. London: Sage; 2007.

| ¿QUÉ PAPEL DESEMPEÑAN LAS CITAS? | Son muchas las razones por las cuales los científicos o los aspirantes a serlo, en relación con sus lecturas, tienen que realizar búsquedas de información. Se recomienda que los interesados construyan redes a partir de sus lecturas con los autores, sus instituciones, publicaciones y métodos utilizados para identificar a aquellos que conducen los grupos de investigación destacados, las instituciones en que laboran, las revistas que publican los artículos sobre temas semejantes o la forma como se han abordado los objetos de estudio. A continuación se indican los motivos más comunes para seguirles la pista en las citas: |

- Localizar los orígenes de la investigación que se propone emprender.
- Encontrar puntos de acuerdo o de desacuerdo con esos trabajos.
- Identificar las investigaciones relacionadas.

- Relacionar las tendencias en la investigación.
- Identificar la frecuencia y las publicaciones que han sido citadas.
- Encontrar áreas emergentes.
- Determinar la influencia de la investigación.

REFERENCIA:
Rumsey S. How to find information: a guide for researchers. 2 ed. Maidenhead, Berkshire: Open University; 2008.

¿DEBEN TOMARSE NOTAS CUANDO SE ESTÁ LEYENDO?	Sí, se puede marcar el texto para señalar las diferentes partes en que se encuentra organizado un artículo, por ejemplo, cuál es el objetivo, el equipo que se usó, las pruebas estadísticas utilizadas, la o las hipótesis y cómo se contrastaron. Además, puede escogerse alguna de las técnicas para tomar notas: mapas mentales, técnica Cornell, subrayado, así como indicar en el margen del documento qué parte del artículo es importante. Sin embargo, las anotaciones deben ser lo suficientemente claras como para evitar tener que leer el artículo en el futuro.

REFERENCIA:
Epstein D, Kenway J, Boden R. Writing for publication. London: Sage; 2007.

¿ES CONVENIENTE SUBRAYAR LOS TEXTOS?	El subrayado es una técnica de utilidad cuando se está leyendo un texto. También cuando se le está dando una segunda lectura. Sin embargo, el subrayar un texto no significa hacerlo sobre un libro de otra persona o de la biblioteca, sino con uno propio. Para que encuentre utilidad a la técnica del subrayado, observe lo siguiente:

- Leer el texto cuando menos dos veces.
- Comprender todas las palabras leídas.
- Consultar uno o varios diccionarios cuando no se entienda el significado de alguna palabra.
- Señalar sólo lo que es importante.
- Utilizar líneas verticales u horizontales o bien otros signos como el de interrogación, de admiración o comentarios al margen.

¿EXISTE ALGUNA TÉCNICA O MÉTODO PARA TOMAR NOTAS DE LAS LECTURAS?

Sí. Los mapas mentales pueden servir para alguna o algunas de las siguientes actividades:

- Tomar notas
- Resumir
- Estudiar
- Recordar
- Memorizar
- Preparar exámenes
- Servir para organizar la investigación que se está realizando

La técnica de los mapas mentales, desarrollada por Tony Buzan, puede parecer complicada al principio, pero con el tiempo, cualquier dificultad se supera rápidamente. Dado que los mapas mentales representan palabras, ideas, actividades, etc., unidas y ordenadas de forma radial, es decir, alrededor de una palabra, idea, el título de un libro, que parte del centro se establecen sus relaciones hacia afuera, como si fueran las ramas de un árbol.

Existen softwares que pueden elaborarlos, si bien, para hacerlos manualmente es necesario tomar en cuenta lo siguiente:

- Tomar una hoja de papel y colocarla horizontalmente
- Identificar la palabra clave, el tema central o el título de un libro, entre otros, para distinguir un mapa de otro.
- Usar letras mayúsculas y minúsculas. Las letras mayúsculas se emplean para la idea central, o sea el núcleo del mapa; se hace uso de las letras minúsculas de la segunda rama en adelante.
- Utilizar lápices de colores para resaltar la idea central y las secundarias.
- Ordenar las ramas como si se tuviera que dibujar una circunferencia.
- Cada rama puede tener ramificaciones que nacen o se derivan de las ramas principales.
- Emplear dibujos, si se estima conveniente.

Para tomar notas de libros, hay que hacer lo siguiente:

- Identificar el título que va a dársele al mapa: puede ser el nombre del autor, el título del libro, el tema –en el caso de artículos de revista puede seguirse esta opción-. El título debe aparecer en el centro de la hoja.

- Las ramas principales pueden ser, si se trata de libros:
    - Los personajes, los lugares mencionados, la trama, la cronología

- Si se trata de artículos de revista:
    - El objetivo de la investigación
    - La hipótesis

- Los métodos
- El equipo utilizado
- El tratamiento estadístico dado a los datos
- La discusión

Asimismo,
- Las preguntas que hayan surgido
- Los comentarios a la lectura

¿QUÉ ES UN DOCUMENTO?	El medio en que quedan registrados los resultados de una investigación.

¿CUÁLES SON LOS CANALES DE ACCESO A LA INFORMACIÓN CIENTÍFICA?	Los canales de comunicación más conocidos, algunos de ellos gratuitos y otros por suscripción, son los siguientes: • Libros y revistas impresos • Libros y revistas electrónicos • Bibliotecas digitales generales, institucionales o especializadas • Bases de datos disponibles a través de editores o de concentradores • Motores de búsqueda • Iniciativas tales como JSTOR • Información disponible en acceso abierto • Bibliotecas híbridas • Sitios institucionales • Sitios personales

REFERENCIA:
International yearbook of library and information management 2004/2005: Scholarly publishing in an electronic era. London: Facet Publishing; 2005.

¿QUÉ ES UNA PUBLICACIÓN PRIMARIA?	Es un documento que da a conocer los resultados de investigación original.

¿A QUÉ SE LE LLAMA PUBLICACIÓN VÁLIDA.	De acuerdo con el Council of Science Editors, una publicación primaria, o publicación válida es la primera revelación, con suficiente información, que permite a los colegas:

- Valorar las observaciones.
- Repetir experimentos.
- Evaluar procesos intelectuales, disponible, sin restricción alguna, tanto para la comunidad científica como para análisis por uno o más de los principales servicios secundarios de información.

REFERENCIA:
Day RA, Gastel B. How to write and publish a scientific paper. 7 ed. Cambridge: Cambridge University Press; 2012.

¿CUÁLES SON LAS REVISTAS DE LA VERTIENTE O CORRIENTE PRINCIPAL O DE ÉLITE?	Las revistas más prestigiosas, las que generalmente están indizadas en servicios con alto grado de selectividad y, por ende, las que tienen más posibilidades de ser leídas y citadas.

¿EXISTEN REVISTAS DEPREDADORAS?´	Sí. Estas revistas se relacionan con el surgimiento del acceso abierto, favorecido por la tecnología de la información pero, más que nada, con los científicos con prisa por publicar deseosos de escapar de la revisión previa de sus manuscritos a cambio de un pago. Se han elaborado "listas negras" para alertar a los investigadores que desconozcan las malas prácticas de revistas que están afectando la credibilidad del sistema de comunicación de la ciencia.

¿CÓMO SE DETERMINA LA VISIBILIDAD DE UNA REVISTA?

Las bibliotecas frecuentemente tienen que tomar en cuenta aspectos tales como los siguientes antes de decidir la adquisición de algún título:

- Tiraje.
- Número de suscripciones.
- Disponibilidad en bibliotecas.
- Inclusión en bases de datos y directorios.

¿CUÁNTOS TITULOS DE REVISTAS Y ARTICULOS SE PUBLICAN EN LA ACTUALIDAD?

De acuerdo con el directorio *Ulrich's*, se publican en el mundo cerca de 25,000 títulos de revistas científicas arbitradas y aparecen 2.5 millones de artículos al año. Otros datos señalan que el número aproximado de títulos de revistas que se editan en la actualidad es de 23,750, que en total publican aproximadamente 1.35 millones de artículos anualmente.

REFERENCIAS:
Björk BC, Roos A, Lauri M. Global annual volume of peer reviewed scholarly articles and the share available via different Open Access options. ELPUB 2008 Conference on Electronic Publishing. Toronto, June. Disponible: http://www.oacs.shh.fi/publications/elpub-2008.pdf

Harnad S. The post-Gutenberg Open Access journal. En: The future of the academic journal. Oxford: Chandos; 2009. p. 125-137.

¿CUÁLES SON LOS INDICADORES DE CALIDAD DE LAS REVISTAS CIENTÍFICAS?	Los indicadores más usuales son los siguientes: • Prestigio editorial tanto del contenido de la publicación como del proceso editorial. • Prestigio del editor y de los comités editorial y científico. • Visibilidad de la revista en bases de datos, bibliotecas y la Internet.
¿CÓMO SELECCIONAN LAS BASES DE DATOS LAS REVISTAS QUE INDIZAN?	Las bases de datos seleccionan las revistas que indizan de acuerdo con los siguientes lineamientos: • Regularidad en su aparición • Contenido • Diversidad internacional de editores, integrantes de los comités editoriales y autores • Citas tanto a la propia revista como a los autores que publican en ella • Normalización internacional
¿CÓMO SELECCIONAN LAS BASES DE DATOS LAS REVISTAS ELECTRÓNICAS QUE INDIZAN?	Los criterios de selección de las revistas electrónicas son semejantes a los que se utilizan tratándose de revistas impresas, a saber: • Normalización editorial. • Contenido. • Diversidad internacional de editores, integrantes de los comités editoriales y autores. • Citas.

REFERENCIA:
The Thomson Reuters journal selection process. Disponible: http://thomsonreuters.com/products_services/science/free/essays/journal_selection_process

| ¿QUÉ ES UN LIBRO ELECTRÓNICO O E-BOOK? | Es un documento en formato electrónico; algunas veces se le denomina así al dispositivo electrónico que se utiliza para leer los libros electrónicos. También se conocen según su fabricante. |

REFERENCIAS:
Diccionario para internautas. Murcia: Fundación Integra; 2010.
Rumsey S. How to find information: a guide for researchers. 2 ed. Maidenhead, Berkshire: Open University; 2008.

| ¿POR QUÉ ES IMPORTANTE TOMAR EN CUENTA LA REPUTACIÓN DE LA CASA EDITORIAL? | Frecuentemente se relaciona la calidad de la investigación con la casa editorial que publica un libro o una revista. A menudo las editoriales desconocidas o poco conocidas publican, sin que haya habido una revisión por pares, el trabajo de un autor que cubre íntegramente los gastos de impresión. |

REFERENCIA:
Bailin A, Grafstein A. The critical assessment of research: traditional and new methods of evaluation. Oxford: Chandos; 2010.

| ¿COMO SE DETERMINA EL USO DE LAS REVISTAS ELECTRONICAS? | Dado que los bibliotecólogos se interesan en saber qué tanto se utilizan las revistas a las cuales están suscritas sus bibliotecas, frecuentemente recurren a cuantificar el número de descargas de artículos en texto completo. Además, determinan el costo del artículo descargado con base en el costo de la suscripción en un lapso determinado. |

REFERENCIA:
Craig ID, Ferguson L. Journals ranking and impact factors: how the performance of journals is measured. En: The future of the academic journal. Oxford: Chandos; 2009. p. 159-193.

| ¿ES POSIBLE DETERMINAR LA RELEVANCIA DE UNA REVISTA SIN FACTOR DE IMPACTO? | Sí, la manera más conveniente de hacerlo es pedir la opinión de expertos en la disciplina. |

REFERENCIA:
Craig ID, Ferguson L. Journals ranking and impact factors: how the performance of journals is measured. En: The future of the academic journal. Oxford: Chandos; 2009. p. 159-193.

| ¿ES POSIBLE DETERMINAR LA RELEVANCIA DE UNA REVISTA SIN FACTOR DE IMPACTO? | Sí, la manera más conveniente de hacerlo es pedir la opinión de expertos en la disciplina. |

REFERENCIA:
Craig ID, Ferguson L. Journals ranking and impact factors: how the performance of journals is measured. En: The future of the academic journal. Oxford: Chandos; 2009. p. 159-193.

| ¿QUÉ ES UNA PUBLICACIÓN SECUNDARIA? | Es aquella que, mediante un proceso de indización produce bibliografías, índices o bases de datos. |

| ¿QUÉ CONTIENE EL WorldCat? | Es la red de recursos de bibliotecas más grande del orbe. Reúne los registros catalográficos de diferentes tipos de documentos impresos o digitales. Puede revisarse a través de las bibliotecas institucionales. |

¿QUÉ ES UN INDICE BIBLIOGRÁFICO?	Es una lista de registros bibliográficos sistematizados. Su ordenamiento puede ser por autor o tema y los registros incluyen todos los elementos bibliográficos que permiten la localización de los documentos indizados.
¿QUÉ ES UNA BASE DE DATOS?	Es un conjunto sistematizado de datos para su posterior recuperación.
¿CÓMO SE EVALÚA UNA BASE DE DATOS?	Los siguientes aspectos se toman en cuenta antes de utilizar una base de datos: • Cobertura • Calidad • Facilidad de búsqueda • Accesibilidad
¿QUÉ CONTIENEN LOS ÍNDICES DE CITAS DE THOMSON REUTERS?	Los índices de citas dedicados a las ciencias, ciencias sociales y artes y humanidades llamados *Science Citation Index, Social Sciences Citation Index* y *Arts & Humanities Citation Index* disponibles a través de la plataforma *Web of Knowledge* de Thomson Reuters indizan aproximadamente 11,500 títulos de revistas.
¿QUÉ CONTIENE *SCOPUS*?	*Scopus*, la base de datos de la compañía Elsevier contiene referencias y resúmenes de aproximadamente 16,500 títulos de revistas.

¿QUÉ INCLUYE GOOGLE SCHOLAR?	La cobertura de *Google Scholar* es amplia; incluye no sólo artículos de revistas en una variedad de disciplinas, algunas de ellas escasamente representadas en la *Web of Knowledge* o *Scopus* como son las humanidades. *Google Scholar* cubre los siguientes tipos de documentos:
	• Libros • Artículos de revistas • Comunicaciones a congresos • Informes • • Tesis, tesinas • Páginas web personales o institucionales • Resúmenes
	De los documentos antes mencionados Google ofrece la siguiente información:
	• Referencias bibliográficas con resúmenes • Citas • Textos completos

¿QUÉ RELEVANCIA TIENE LA AUTORIDAD DEL AUTOR?	Es más importante que la reputación de una casa editorial, sin embargo, la formación y experiencia del autor se toman en cuenta para atribuirle autoridad.

REFERENCIA:

Bailin A, Grafstein A. The critical assessment of research: traditional and new methods of evaluation. Oxford: Chandos; 2010.

¿A QUÉ SE LE LLAMA BRECHA DIGITAL?

A la diferencias en cuanto acceso de las tecnologías de información e Internet tanto a nivel social como geográfico.

REFERENCIA:
Diccionario para internautas. Murcia: Fundación Integra; 2010.

¿CUÁLES SON LAS PALABRAS CLAVE EN LA INTERNET?

Son los términos que describen el contenido de una página o de un sitio web.

REFERENCIA:
Diccionario para internautas. Murcia: Fundación Integra; 2010.

¿QUÉ ES LA ACCESIBILIDAD?

La accesibilidad electrónica es la facilidad de acceso a la información a través de la Internet.

REFERENCIA:
Diccionario para internautas. Murcia: Fundación Integra; 2010.

¿TIENEN EL MISMO SIGNIFICADO LAS SIGUIENTES PALABRAS: ENLACE, HIPERENLACE, VÍNCULO, LINK, HIPERVÍNCULO?

Sí y significan el acceso que relaciona páginas web a través del hipertexto.

REFERENCIA:
Diccionario para internautas. Murcia: Fundación Integra; 2010.

| ¿EN QUÉ CONSISTE EL ACCESO EN LÍNEA? | Es la posibilidad de obtener y descargar en línea un artículo; en algunas ocasiones pueden hacerse comentarios al mismo. |

REFERENCIA:
Diccionario para internautas. Murcia: Fundación Integra; 2010.

| ¿QUÉ ES UNA PÁGINA WEB? | Es un documento de hipertexto que puede contener texto, imágenes, sonidos, etcétera. |

REFERENCIA:
Diccionario para internautas. Murcia: Fundación Integra; 2010.

| ¿QUÉ ES UN SITIO WEB? | Es un conjunto de páginas web que pueden contener contenidos semejantes o pertenecer a una misma entidad. |

REFERENCIA:
Diccionario para internautas. Murcia: Fundación Integra; 2010.

| ¿QUÉ CRITERIOS SE TOMAN EN CUENTA PARA EVALUAR UN SITIO WEB? | Los criterios para evaluar los sitios web son los siguientes:

• Exactitud
• Autoridad
• Actualidad
• Objetividad
• Cobertura |

REFERENCIA:
Evaluating web sites: criteria and tools. Disponible: http://olinuris.library.cornell.edu/ref/research/webeval.html

| ¿QUÉ CRITERIOS SE TOMAN EN CUENTA PARA EVALUAR RECURSOS DE INTERNET? | Los criterios para evaluar recursos de la Internet son los siguientes:

• Alcance
• Contenido
• Diseño gráfico y de multimedia
• Objetivo
• Reseñas
• Efectividad
• Costo |

REFERRENCIA:
Smith A. Criteria for evaluation of Internet information resources. Disponible: http://www.vuw.ac.nz/staff/alastair_smith/evaln/

| ¿EN QUÉ CONSISTE EL COPYRIGHT? | El copyright es el derecho que tiene un autor sobre su obra; es irrenunciable y le permite al autor determinar las condiciones bajo las cuales su obra puede reproducirse o distribuirse. |

REFERENCIA:
Diccionario para internautas. Murcia: Fundación Integra; 2010.

| ¿QUÉ ES EL COPYLEFT? | Es el uso libre de la obra de otros. |

REFERENCIA:
Glossary. En World wide research: reshaping the sciences and humanities. Cambridge, MA: MIT Press; 2010. p. 349-354.

¿EN QUÉ CONSISTE EL SOFTWARE LIBRE?	Se le llama software libre a aquél que ofrece a los usuarios la posibilidad de, una vez adquirido, usarlo, copiarlo, estudiarlo y redistribuirlo libremente.

REFERENCIA:
Diccionario para internautas. Murcia: Fundación Integra; 2010.

¿QUÉ ES EL ACCESO ABIERTO TAMBIÉN LLAMADO *OPEN ACCESS*?	Con el acceso abierto se abre una nueva forma de comunicación científica y de acceso a las publicaciones permitiendo los siguientes resultados: • Visibilidad más amplia de la investigación que se realiza • Socialización de los resultados de investigación • Reducción de la brecha cognitiva Todavía hoy en día las publicaciones se sostienen con las suscripciones, pero con este nuevo modelo, la existencia de las publicaciones depende, principalmente, de lo que los autores pagan por la publicación de sus artículos.

REFERENCIAS:
Hubbard B. Green, blue, yellow, white & gold: a brief guide to the open access rainbow. Disponible: http://www.sherpa.ac.uk/documents/sherpaplusdocs/Nottingham-colour-guide.pdf

Kuramoto H. Acesso libre: um caso de soberanía nacional? En Para entender a ciencia da informaçao. Salvador: EDUBA; 2007. p. 146-161.

¿QUÉ ES UNA REVISTA DE ACCESO ABIERTO?	Es una publicación disponible libremente en la web, es decir, gratuita.

REFERENCIA:
Decreto por el que se reforman y adicionan disposiciones de la Ley de Ciencia y Tecnología, de la Ley General de Educación y de la Ley Orgánica del Consejo Nacional de Ciencia y Tecnología. Diario Oficial 2014 (Mayo 14): 2.6.

¿ES CONVENIENTE LA DISTRIBUCIÓN GRATUITA DE LOS LIBROS CIENTÍFICOS?	Corresponde a cada autor decidir si quiere que su libro siga los canales de comunicación establecidos o hacerlo accesible gratuitamente a través de la Internet. Existen en la red plataformas de ediciones de autor o de autopublicación donde el autor puede publicar cualquier tipo de documento sin costo alguno para él; el 80% del costo de los libros que se venden es para el autor y el restante de destina a gastos de administración.

¿QUÉ SON LOS REPOSITORIOS INSTITUCIONALES?	Son bases de datos a texto completo de la producción científica de una institución.

REFERENCIA:
Mueller SPM. Literatura científica, comunicaçao científica e ciencia da informaçao. En Para entender a ciencia da informaçao. Salvador: EDUBA; 2007. p. 125-144.

¿QUÉ SON LOS REPOSITORIOS TEMÁTICOS?	Son aquéllos que se especializan en una disciplina o en un tema.

REFERENCIA:
Mueller SPM. Literatura científica, comunicaçao científica e ciencia da informaçao. En Para entender a ciencia da informaçao. Salvador: EDUBA; 2007. p. 125-144.

¿QUÉ ES EL ADOBE ACROBAT READER?	Es un programa que distribuye documentos idénticos en todas las computadoras.

REFERENCIA:
Diccionario para internautas. Murcia: Fundación Integra; 2010.

¿QUÉ ES UN ARCHIVO O FICHERO?	Es un documento que contiene datos (imagen, texto) de diferente tamaño. Los archivos se identifican según los datos almacenados: documentos de texto: .doc, .txt, .pdf; archivos de imagen: .gif, .jpg; archivos ejecutables .exe; documentos de hipertexto o de la web: .htm o .html.

REFERENCIA:
Diccionario para internautas. Murcia: Fundación Integra; 2010.

¿QUÉ ES UN ARCHIVO ADJUNTO?	Es un archivo que acompaña a un mensaje de correo electrónico.

REFERENCIA:
Diccionario para internautas. Murcia: Fundación Integra; 2010.

¿EN QUÉ CONSISTE LA FIRMA ELECTRÓNICA?

En asociar la identidad de una persona por un medio criptográfico.

REFERENCIA:
Diccionario para internautas. Murcia: Fundación Integra; 2010.

¿CUÁLES SON LAS COMUNIDADES VIRTUALES?

Aquéllas que reúnen de manera virtual a usuarios con intereses comunes.

REFERENCIA:
Diccionario para internautas. Murcia: Fundación Integra; 2010.

¿QUÉ ES EL CORREO ELECTRÓNICO?

El correo electrónico es el intercambio de mensajes; permite enviar y recibir mensajes, incluso anexos con archivos de música o video.

REFERENCIA:
Diccionario para internautas. Murcia: Fundación Integra; 2010.

¿A QUÉ SE LE LLAMA POST?

A cada uno de los mensajes que se envían a un foro, *blog* o Internet.

REFERENCIA:
Diccionario para internautas. Murcia: Fundación Integra; 2010.

| ¿EN QUÉ CONSISTE LA VIDEOCONFERENCIA? | En la comunicación que se establece entre dos o más personas físicamente separadas a través de la Internet; requieren de una cámara y un micrófono. |

REFERENCIA:
Diccionario para internautas. Murcia: Fundación Integra; 2010.

| ¿QUÉ ES LA WEB 2.0? | Es la denominación que se da a la segunda generación de las aplicaciones Web caracterizada por la participación y colaboración del usuario por medio de servicios tales como las redes sociales, Twitter, Flickr, RSS, LinkedIn, blogs, SlideShare, Facebook, YouTube o las wikis, por ejemplo. |

REFERENCIA:
Glossary. En World wide research: reshaping the sciences and humanities. Cambridge, MA: MIT Press; 2010. p. 349-354.

| ¿QUÉ ES UNA RED SOCIAL? | Puede ser un portal web que permite a los usuarios compartir contenidos, interactuar y crear comunidades con intereses comunes. Se trata de un entorno de trabajo virtual para investigadores que no tiene barreras geográficas ni sociales, es decir, facilita la interacción y cooperación entre investigadores de una comunidad determinada. |

REFERENCIA:
Diccionario para internautas. Murcia: Fundación Integra; 2010.

| ¿QUÉ ES UNA BITÁCORA? | Es una red social dirigida a los *bloggers*. |

REFERENCIA:
Diccionario para internautas. Murcia: Fundación Integra; 2010.

| ¿QUÉ ES UN *BLOG* O *WEBLOG*? | Es una página web generalmente de carácter personal. Pese a la apertura de los blogs, es conveniente la eliminación de contenidos que:

 • Afecten negativamente a personas
 • Sean ofensivos o discriminatorios |

REFERENCIA:
Diccionario para internautas. Murcia: Fundación Integra; 2010.

| ¿QUÉ ES UN *BLOGGER*? | Es la persona que se encarga de la edición de un *blog*. También es un portal que permite la creación o depósito de *blogs*. |

REFERENCIA:
Diccionario para internautas. Murcia: Fundación Integra; 2010.

| ¿QUÉ ES UNA CHARLA ELECTRÓNICA? | La charla electrónica o chat es un servicio que permite que dos o más usuarios conversen en línea en tiempo real. |

REFERENCIA:
Diccionario para internautas. Murcia: Fundación Integra; 2010.

¿QUÉ ES EL FACEBOOK?	Es una red social que tiene como propósito mantener relaciones de diferente tipo entre sus usuarios.

REFERENCIA:
Diccionario para internautas. Murcia: Fundación Integra; 2010.

¿A QUÉ SE LE LLAMA ANTI-FACEBOOK?	A las acciones de boicot a Facebook por jóvenes que argumentan que las redes sociales están contra la privacidad de las personas.

¿QUÉ ES TWITTER?	Es una red social de gran popularidad que permite el envío de mensajes (tweets) a otros usuarios (twitteros). Los usuarios "twittean" desde varios orígenes.

¿QUÉ ES UN FORO?	Es un sitio web destinado a comunicar a usuarios que pueden constituir una comunidad virtual.

REFERENCIA:
Diccionario para internautas. Murcia: Fundación Integra; 2010.

QUÉ ES FLICKR?	Es una red social que permite depositar y compartir fotografías y videos.

REFERENCIA:
Diccionario para internautas. Murcia: Fundación Integra; 2010.

| ¿QUÉ ES UNA WIKI? | Es un sitio web colaborativo en el que varios usuarios pueden participar creando, modificando o eliminando contenidos. |

REFERENCIA:
Diccionario para internautas. Murcia: Fundación Integra; 2010.

| ¿A QUÉ SE LE LLAMA NETIQUETA? | Al uso correcto de la Internet por parte de sus usuarios. |

REFERENCIA:
Diccionario para internautas. Murcia: Fundación Integra; 2010.

| ¿QUÉ CONTIENE SlideShare? | Reúne presentaciones en Power Point, documentos en Word y en PDF |

| ¿QUÉ ES UNA PUBLICACIÓN TERCIARIA? | Es aquella que se basó en publicaciones primarias para su redacción. En esta categoría quedan incluidos los artículos de revisión. |

LA COMUNIDAD CIENTÍFICA

¿QUÉ ES UNA COMUNIDAD CIENTÍFICA?	Las comunidades científicas son grupos de científicos adscritos formalmente a una institución de educación o de investigación, o bien, parte de una red informal de colaboración y comunicación. Las comunidades científicas se caracterizan por tener su propio sistema de reglas –no explícitas– entre las que destacan la forma en que se comunican sus investigaciones, su lógica lingüística y su lógica matemática.

REFERENCIA:
Ziman J. An introduction to science studies. The philosophical and social aspects of science and technology. Cambridge: University of Cambridge; 1984.

¿QUÉ ES LA PRIORIDAD EN LA INVESTIGACIÓN CIENTÍFICA?	Se sobreentiende que a los científicos no los debe mover el interés cuando realizan sus tareas, es decir, el científico no debe esperar la recompensa. No obstante, una de las metas de un científico podría ser el que la comunidad lo reconozca por haber sido el "primero en . . ." identificar, descubrir, nombrar y, principalmente, en publicar antes que otros sus hallazgos. En ocasiones los pioneros dan su nombre al descubrimiento: en astronomía tenemos estrellas o cometas conocidas por un nombre; en botánica el nombre científico incluye el nombre de quien localizó el espécimen o lo describió; la medicina no podía quedar atrás: Síndrome de Ménière (Prosper Ménière), Clavo de Colchero (Fernando Colchero), Enfermedad de Parkinson (James Parkinson), Mal de Pott (Percivall Pott), Trompas de Falopio (Gabrielle Falopio),

Corea de Huntington (George Huntington), Sarcoma de Kaposi (Moritz Kaposi), Islotes de Langerhans (Paul Langerhans), Listeria monocytogenes (Joseph Lister), sin embargo, en ocasiones los errores favorecen a unos y perjudican a otros: un buen número de aportaciones no llevan el nombre de quien efectivamente lo descubrió sino el de otro.

A algunos científicos se les identifica como los "fundadores", "madres" o "padres" de algún campo del conocimiento, sin embargo, en ocasiones se pone en tela de juicio el que efectivamente lo sean.
Se sabe de las disputas entre científicos reclamando la prioridad, por ejemplo, tenemos los casos de Robert Gallo y Luc Montaigner en relación con el VIH; el de Alexander Graham Bell y Elisha Grey sobre el teléfono o el del foco incandescente entre Thomas Alva Edison y Joseph Swan.

REFERENCIA:
Stigler SM. Stigler's law of eponymy, Transactions of the New York Academy of Sciences 1980; 39: 147-158.
Storer NW. The hard sciences and the soft.: some sociological observations. Bulletin of the Medical Library Association 1967; 55: 75-84.

¿HAY ALGUN CAMBIO EN EL PATROCINIO DE LA INVESTIGACIÓN CIENTÍFICA?

Hoy en día se habla de la economía del conocimiento, es decir, una economía que está dominada por una industria intensiva y tecnologizada de investigación y desarrollo y un sector de servicios que emplea a personal altamente capacitado y creativo en centros de investigación privados. Por tanto, lo que era considerado un bien público –conocimiento universalmente accesible y válido acerca de la naturaleza y la sociedad producido bajo el patronazgo del Estado, se está convirtiendo en un bien privado.

REFERENCIA:
Bauer MW. Paradigm change for science communication: commercial science needs a critical public. En Communicating science in social contexts: new models, new practices. s.l. Springer; 2008. p. 7-25.

¿TIENE LA COMUNIDAD CIENTÍFICA NORMAS QUE LA RIGEN?

La comunidad ha tenido que ajustarse a ciertas normas que no le son exclusivas, sino que en su conjunto son características del *ethos* –carácter distintivo, naturaleza moral o creencias de una persona, grupo o institución- de la ciencia moderna. Una de esas normas establece que los logros tienen que compartirse con el fin de que el conocimiento sea utilizado libremente, es decir, para que las disciplinas avancen no es suficiente que se prueben nuevos métodos o se realicen observaciones, mediciones o experimentos; los resultados de esas actividades deben comunicarse.

La comunicación de la investigación se logra por medios formales e informales, empero son las mismas comunidades científicas las que constituyen su propio sistema conformado por las publicaciones científicas, los servicios secundarios y terciarios de información. A través de ese sistema es que el trabajo del investigador pasa a formar parte del conocimiento público para beneficio de la disciplina y de la sociedad.

El sistema diferencia a quiénes publican, indica dónde se debe publicar y bajo qué condiciones. Establece que el principal canal de comunicación y crítica es la revista especializada en problemas particulares y que un artículo científico describe resultados de investigación original, mientras que los artículos de revisión no alcanzan tal atributo.

En algunas disciplinas hay dos grupos de personas que comunican los resultados de sus investigaciones u observaciones; no utilizan, la mayoría de las veces los mismos canales de comunicación y las formas de indagación son las que los diferencian. El primer grupo tiene como función la producción de resultados originales obtenidos por medio de rigurosos métodos científicos para tomar la forma de trabajos teóricos o básicos, o bien dirigidos hacia una misión, independientemente de producir investigación como docencia y para la docencia. Los motivos que llevan a este grupo a la investigación van desde la búsqueda desinteresada de nueva información sin una meta a la vista, a la respuesta a preguntas en diferentes áreas del conocimiento.

Por su parte, el segundo grupo, pese a que se dice que es poco probable que se interese en la investigación por sus limitaciones de tiempo, de recursos y por enormes cargas de trabajo, tiene el reto y la oportunidad de innovar o mejorar sus instituciones, en consecuencia, tendría que producir trabajos para la acción, los cuales son indispensables para la toma de decisiones. Por medio del acopio de datos empíricos se describen las situaciones prevalecientes y después de su análisis se produce un resumen ejecutivo que contesta la pregunta inicial para proceder a la acción, o una publicación en la que se da cuenta de cómo se abordó y resolvió el problema. Con el desarrollo de esas indagaciones, los practicantes de una profesión estarían en la capacidad, por ejemplo, de adaptar o de adoptar sistemas o productos, dada su responsabilidad de decidir correctamente en función de los recursos disponibles.

En resumen: el primer tipo tiene una justificación intelectual y cultural; el segundo, tiene objetivos prácticos. La investigación estratégica, es decir, aquélla de naturaleza especulativa con claras posibilidades de aplicación no es ajena a un buen número de áreas.

REFERENCIAS:

Day RA, Gastel B. How to write and publish a scientific paper. 7 ed. Cambridge: Cambridge University Press; 2012.

Dixon B. The science of science: changing the way we think. Oxford : Equinox; 1989.

Gaston J. Originality and competition in science: a study of the British high energy physics community. Chicago: University of Chicago Press; 1973.

Merton RK. Social theory and social structure. New York : Free Press; 1957.
Swisher R, McClure CR. Research for decision making. Chicago : ALA; 1984.

¿EXISTEN LAS GENEALOGÍAS CIENTÍFICAS?

Frecuentemente se dice que las genealogías científicas pueden atribuirse al hecho de que la red de relaciones institucionales es estrecha la que, sin embargo, llega a excluir a científicos e instituciones.

REFERENCIA:

Sri Kantha S. The question of nepotism in the award of Nobel prizes: a critique of the view of Hans Krebs. Medical Hypotheses 1991, 34:28-32.

¿QUÉ SE ENTIENDE POR SISTEMA DE RECOMPENSA?

La comunidad científica recompensa por medio de promociones, premios, fama o cargos a ciertos miembros de su comunidad interesados en el reconocimiento, si bien ellos tienen que ajustarse a las normas impuestas por la propia comunidad.

El *ethos* de la ciencia, de acuerdo con Merton es un conjunto de valores y normas no explícitas –conocidas con el acrónimo de CUDOS-, que deberían ser obligatorias para el científico y, por tanto, observadas en su trabajo cotidiano, a saber:

- Comunismo (o de la comunidad) que estipula que cada vez que un autor descubre y difunde una porción de información, éste no debe hacer reclamos intelectuales posteriores, dado que el conocimiento es para usarse libremente por la comunidad científica al ser un producto de la colaboración social.
- Universalismo, entendiendo que cuestiones relativas a edad, sexo, raza y credo, entre otros, no deben influir en la aceptación o rechazo de la información científica. Los datos con estructura lógica y de relevancia son los únicos que deben ser tomados en cuenta para dicha aceptación.
- Desinterés para ampliar las fronteras del conocimiento, es decir, la recompensa no debe esperarse.
- Originalidad: sobre la que descansa la reputación y el reconocimiento de los científicos.
- EScepticismo que impone que el nuevo conocimiento sea sometido al escrutinio para que pase a formar parte del cuerpo de conocimientos certificados.

Los investigadores podrán aceptar o rechazar las reglas tal como se formularon pero no pueden soslayar los lineamientos de la comunidad científica, por ejemplo, si el científico difunde los resultados de su investigación en el canal inadecuado o en el momento inoportuno, viola uno de los acuerdos de la comunidad al no compartir sus logros.

Hay quienes dicen que el deseo de recibir reconocimientos es la más fuerte motivación para dedicarse a este quehacer, o bien, que este deseo se adquiere con el paso del tiempo. En teoría, todos los investigadores son iguales, mas la realidad es que la investigación se desarrolla en medios donde las jerarquías están muy marcadas. Son escasos los investigadores que están a la cabeza, dirigen las academias científicas, los colegios invisibles o las redes sociales y han recibido recompensas de algún otro tipo.

Es sabido que muchos investigadores que no han recibido premios y posiblemente nunca los recibirán han contribuido en igual o mayor grado al avance de la ciencia que los receptores de distinciones, sin embargo, su trabajo no ha sido reconocido. A esto se le ha denominado fenómeno del sitial o sillón número 41, el cual se debe, la mayoría de las veces, a errores de juicio que han llevado al reconocimiento de los menos talentosos. Este fenómeno tiene cierta relación con la llamada hipótesis de Ortega que dice que grupos de científicos de nivel medio son los que contribuyen, con su trabajo, a que un científico destacado haga un descubrimiento de importancia.

El sistema de recompensas, basado en el reconocimiento, lleva a los investigadores a seguirse esforzando para demostrar que tienen capacidades especiales. Las aportaciones de esos investigadores distinguidos tienen mayor visibilidad dentro de la comunidad científica que cuando son introducidas por investigadores sin el mismo prestigio, lo cual ha dado origen al llamado efecto Mateo.

REFERENCIAS:

Boffey PM. National Academy of Sciences: how the elite choose their peers. Science 1977; 196: 738-741.

Cole JR, Cole S. The Ortega hypothesis. Science 1972; 178: 368-375.

David PA, Den Besten M, Schroeder R. Will e-science be open science? En World wide research: reshaping the sciences and humanities. Cambridge, MA: MIT Press; 2010. p. 299-316.

Gaston J. Originality and competition in science: a study of the British high energy physics community. Chicago : University of Chicago Press; 1973.

Merton RK. The Matthew effect in science. Science 1968; 159: 56-63.

Merton R. The normative structure of science. En The sociology of science. Chicago: University of Chicago Press; 1942. p. 267-278.

Merton RK. Social theory and social structure. New York : Free Press; 1957.

Price D de Solla. Science since Babylon. New Haven : Yale University Press; 1961.

Price D. de Solla. Some remarks on elitism in information and the invisible college phenomenon in science. Journal of the American Society for Information Science 1971; 22: 74-76.

Rossiter M. The Matthew Matilda effect in science. Social Studies of Science 1993; 23: 325-341.

¿CUÁNDO SURGEN LOS PREMIOS O DISTINCIONES A LOS CIENTÍFICOS?

Los primeros premios al trabajo científico surgieron en el siglo XVIII. La Academia Francesa estimulaba a los científicos para que trabajaran en temas de navegación y astronomía, mientras que la Royal Society de Inglaterra honraba con una medalla a los hombres de genio, a los que difícilmente mueve el lucro.

En el siglo XX, sin embargo, han proliferado los premios, siendo el instituido por Alfred Nobel uno de los más codiciados, principalmente por el prestigio y la visibilidad que trae consigo al individuo, a su institución y país de origen. Los premios Nobel en Física, Paz, Química, Economía, Literatura y Fisiología o Medicina comienzan a otorgarse en 1901 para estimular la investigación científica y la creatividad. Sin embargo, hay que recordar algunos hechos en torno a este Premio. Ha habido científicos que han obtenido más de un premio Nobel: Linus Pauling recibió el Nobel en Química en 1954 y el de la Paz en 1962 por su lucha en contra de las pruebas de armas nucleares. La familia Curie fue premiada en tres ocasiones: Marie y Pierre (1902) en Física, Marie (1911) y la hija de ambos, Irène (1935) en Química. Dorothy Hodgkin, quien obtuvo el Nobel en Química por el descubrimiento de la estructura de la vitamina B12 fue una ganadora poco usual, dado que el Nobel en Fisiología o Medicina se entrega, generalmente, a grupos de científicos. Otros no lo han ganado pese a que se creía que deberían haber sido merecedores: Watson, Crick y Wilkins obtuvieron el Premio Nobel, sin embargo, Rosalind Franklin, quien proporcionó varias de las fotografías que Watson y Crick estudiaron, nunca recibió el crédito por su trabajo.

El aumento de distinciones a los investigadores podría atribuirse al interés de reconocer a científicos de valía en disciplinas nuevas y emergentes y al deseo de individuos y organismos de dar su *bona fide* al identificarse con la ciencia de primera clase. No obstante, los premios disponibles, muchos de ellos económicamente más atractivos que el Nobel, resultan escasos al haber un mayor número de científicos a quienes podrían otorgarse. Sin embargo, la entrega de premios es a menudo criticada por las dudas que suscita el trabajo del premiado, los sesgos o la subjetividad de los jurados.

Los científicos compiten entre sí por recibir distinciones, pero también por la prioridad. Los premios, en consecuencia, pueden afectar positivamente el desarrollo científico. México instituyó en el año de 1945 el premio más prestigioso: el Premio Nacional de Ciencias y Artes. La Ley que Establece el Premio Nacional de Artes y Ciencias se publicó en el Diario Oficial el 9 de abril de 1945, la cual sufre modificaciones que aparecen en el mismo Diario Oficial el 2 de enero de 1948. Nuevos cambios se incluyeron en la Ley que Establece el Premio Nacional de Ciencias, Letras y Artes de fecha 6 de enero de 1966. El 6 de noviembre de 1975 ve la luz la Ley de Premios, Estímulos y Recompensas Civiles en la que se dice que el Premio Nacional de Ciencias y Artes se otorgará en los campos siguientes: Lingüística y Literatura; Bellas Artes; Historia, Ciencias Sociales y Filosofía; Ciencias Físico-Matemáticas y Naturales; Tecnología y Diseño. El decreto de 27 de diciembre de 1983 contempla un nuevo campo: Artes y tradiciones populares.

Los premios, conforme a lo dispuesto en la legislación respectiva se entregarán a quienes por sus producciones o trabajos docentes, de investigación o de divulgación hayan contribuido a enriquecer el acervo cultural del país o el progreso de la ciencia, del arte o de la filosofía (art. 45). Los premios se concederán a propuesta de instituciones o agrupaciones.

El año de 1948 se otorgó a Maximino Ruiz Castañeda el primer Premio Nacional de Ciencias.

REFERENCIAS:

Finn R. Eponymous prizes honor scientists, but draw criticism. The Scientist 1998; 12(8): 12.

Horton R. Prizes, publications, and promotion. Lancet 1996; 348(9038):1398.

Palevitz BA, Lewis R. Show me the data: a Nobel lesson in the process of science. The Scientist 1997; 11(24): 8.

Zuckerman H. The proliferation of prizes: Nobel complements and Nobel surrogates in the reward system of science. Theoretical Medicine 1992; 13:217-31.

Zuckerman H. Proliferation of scientific prizes reinforces Nobel's distinguished honor. The Scientist 1996; 10 (22):10.

| ¿A QUÉ SE LE LLAMA OBLITERACIÓN? | El diccionario define la palabra obliterar como anular, borrar o tachar. En la práctica científica se entiende que obliteración es el hecho de aceptar que existen conocimientos que son del dominio público y, de esta manera, ya no se citan, prefiriéndose citar documentos más recientes, más pertinentes, o bien que son poco conocidos, o sea el fenómeno del palimpsesto –manuscrito al que, en la antigüedad, se había hecho desaparecer el texto original, raspándolo para volver a escribir sobre él un nuevo texto. |

REFERENCIAS:

Garfield E. The "Obliteration phenomenon" in science- - and the advantage of being obliterated! Current Contents 1975; (51/52): 396-398.

Merton RK. On the shoulders of giants: a Shandean postscript. New York; Harcourt Brace & World; 1965.

Merton RK. Social theory and social structure. New York; Free Press; 1968.

| ¿EN QUÉ CONSISTE EL "NINGUNEO" EN LA ACTIVIDAD CIENTÍFICA? | Consiste en menospreciar, ver con indiferencia o desconsideración a otros científicos incluyendo el trabajo que realizan. |

¿A QUÉ SE LE LLAMA EFECTO MATEO?

El efecto Mateo toma su nombre del Evangelio según San Mateo (13:12) que dice:

> Porque a cualquiera que tiene, se le dará, y tendrá más; más al que no tiene, aun lo que tiene le será quitado.

y se caracteriza por ser una especie de halo para apoyar la posición de científicos o de instituciones ya eminentes. Por ejemplo, hay instituciones que aun cuando cuentan con presupuestos decorosos son preferidas sobre otras que sufren penurias. Se habla de efecto Mateo cuando científicos de valía no han recibido premios y quizá nunca los reciban aunque hayan contribuido igual o más que los recipiendarios de premios, que en ocasiones acumulan uno tras otro debido, algunas veces, a errores de los jurados que llevan a premiar a quienes tienen menos talento a expensas de los más talentosos.

El mencionado efecto Mateo, pese a su antidemocracia, es el que llevó a la formación de los nuevos colegios invisibles que tuvieron su origen en el siglo XVII y resurgen a partir de la segunda guerra mundial. Además, ha ampliado la brecha entre los destacados y las minorías, o sea que el efecto Matilda también forma parte de la vida cotidiana de los investigadores. Las nuevas élites son producto de la desigualdad, aunque se trate de grupos de excelencia relacionados entre sí.

REFERENCIAS:

Merton RK. The Matthew effect in science. Science 1968; 159: 56-63.

Rossiter M. The Matthew Matilda effect in science. Social Studies of Science 1993; 23: 325-341.

¿A QUÉ SE LE LLAMA EFECTO MATILDA?

Es usual que se utilice la primera parte de lo escrito en el Evangelio según San Mateo para referirse a la forma de sobrevaloración de quienes están en la cúspide del sistema científico denominado efecto Mateo, sin embargo, no se suele utilizar la segunda porción (...más al que no tiene, aun lo que tiene le será quitado.) para quienes permanecen en un segundo plano, es decir, en la oscuridad a la hora de los reconocimientos. Los ejemplos de científicas opacadas por colegas hombres abundan en la historia de la ciencia puesto que se han encontrado casos de científicas que han sido marginadas, ignoradas y obliteradas debido a un sesgo de género. Por tanto, es común que se diga que en ellas se presenta el efecto Matilda, nombre dado en recuerdo de la sufragista norteamericana Matilda Joslyn Gage (1826-1898).

REFERENCIA:

Rossiter M. The Matthew Matilda effect in science. Social Studies of Science 1993; 23: 325-341.

¿QUÉ SE ENTIENDE POR HIPÓTESIS DE ORTEGA?

La hipótesis de Ortega dice: "La ciencia experimental ha progresado en buena parte merced al trabajo de hombres fabulosamente mediocres, y aun menos que mediocres. Es decir, que la ciencia moderna, raíz y símbolo de la civilización actual, da acogida dentro de sí al hombre intelectualmente medio y le permite operar con buen éxito... Así la mayor parte de los científicos empujan el progreso general de la ciencia encerrados en la celdilla de su laboratorio; como la abeja en la de su panal o como el pachón de asador en su cajón". Sin embargo, también se dice que al encontrar que en vez de que los gigantes se paren sobre los hombros de muchos enanos, los científicos destacados se han parado sobre los hombros de otros gigantes.

REFERENCIAS:

Cole S, Meyer GS. Little science, big science revisited. Scientometrics 1985; 7: 443-458.

Merton RK. On the shoulders of giants. New York NY Free Press; 1965.

Ortega y Gasset J. La rebelión de las masas. 33 ed. Madrid: Revista de Occidente; 1959.

¿A QUÉ SE LE LLAMA EFECTO DEL SILLÓN O SITIAL 41?

Merton no sólo dio origen a la expresión Efecto Mateo sino también a la de Efecto del Sillón o Sitial 41 y se refiere a la exclusión de personajes valiosos que no alcanzan, pese a su valía, un sillón o sitial en la Académie Française que sólo cuenta con 40 sitios con que distingue a otros tantos intelectuales. Por tanto, si con el efecto Mateo se acumulan premios y distinciones en manos de unos cuantas personas, con el efecto del Sillón o Sitial 41 se invita a reflexionar porqué sólo algunos intelectuales reciben reconocimiento dejando fuera a otros de igual o más valía.

REFERENCIA:
Merton RK. The Matthew effect in science. Science 1968; 159: 56-63.

¿QUÉ ES EL CABILDEO?

Se entiende por cabildeo una serie de acciones para influir sobre alguna decisión u obtener algún beneficio. El uso de instalaciones, equipo o insumos, aunado a dedicarse al cabildeo en horas de trabajo puede considerarse poco ético.

¿EXISTE EL CABILDEO EN LA ACTIVIDAD CIENTÍFICA?

Sí, y en los últimos años ha aumentado. En algunos casos los científicos cabildean durante años para que les otorguen un premio o una distinción, en otros, para obtener recursos, autorizaciones o puestos.

REFERENCIA:
Wade N. No Nobel prize this year ?. Try footnote counting. Disponible: http:www.nytimes.com/1997/10/07/science/no-nobel-prize-this-year-try-footnote-counting.html

¿EN QUÉ CONSISTE LA FUGA DE CEREBROS?

Es incuestionable que los científicos requieren de un entorno académico para llevar a cabo su trabajo, incluyendo equipo e instrumentación para sus experimentos, canales de comunicación con la comunidad científica, personal de apoyo, además de una masa crítica accesible. Si ese entorno se asegura, la retención de científicos por parte de las instituciones nacionales se facilitaría. Sin embargo, la fuga externa de cerebros, que puede relacionarse con la incapacidad institucional para absorber y emplear a los trabajadores científicos, es una amenaza y motivo de preocupación.

Otro tipo de fuga de cerebros es la interna, identificada por el Grupo Sussex y se refiere a la orientación de la ciencia y la tecnología. El Grupo señala que el "peso y la dirección que sigue el esfuerzo científico mundial tiene ascendencia preponderante sobre cómo se desarrolla y orienta la ciencia en los países en desarrollo. Está claro que aún en las ciencias fundamentales, la orientación de la ciencia en los países avanzados está fuertemente influenciada por los principales objetivos nacionales a los cuales están relacionados íntimamente los esfuerzos científicos de dichos países. El Grupo agrega: ". . . en consecuencia, la orientación de la ciencia está a menudo dirigida y determinada por objetivos que son externos a los países y que tienen poco que ver con los requerimientos del desarrollo. ... La investigación científica que se realiza en éstos últimos, además de estar pobremente financiada y organizada es irrelevante al entorno en que se hace". De acuerdo con lo anterior, los científicos de los países menos desarrollados contribuyen diariamente al buscar la visibilidad internacional a través de las revistas de la vertiente principal cuyos intereses científicos corresponden a los de los países desarrollados.

REFERENCIAS:

Castaños-Lomnitz H. La migración de talentos en México. Ciencia y Desarrollo 1993; 19:16-20.

Castaños-Lomnitz H. The brain drain from Mexico: the experience of scientists. Science and Public Policy 1998; 25: 247-253.

Draft introductory statement for the World Plan of Action for Application of Science and Technology to Development, prepared by the Sussex Grou En: Science and Technology for Development: Proposals for the Second United Nations Development Decade. New York: United Nations; 1970. p. 19-41.

Licea de Arenas J. The internal brain drain in Mexican health sciences research. International Journal of Information and Library Research 1993; 5:108-116.

Oleadas de migrantes científicos a México: una visión general. México: UNAM; 2011.

Tigou C. ¿Fuga de cerebros o nomadismo científico? México: UNAM; 2010.

Tigou C. Riesgos de la fuga de cerebros en México: construcción mediática, posturas gubernamentales y expectativas de los migrantes. México: UNAM; 2013.

¿CUÁLES SON LAS TEORÍAS BÁSICAS DE LA COMUNICACIÓN?

El modelo más sencillo de comunicación es un modelo lineal que incluye:

Transmisor Receptor estímulo respuesta

Más tarde surge otro modelo denominado la Teoría del Balazo que intentó mejorar el anterior y estuvo basado en la idea de que la comunicación es circular y recíproca:

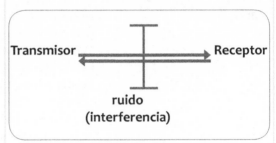

Transmisor ⟶ Receptor

ruido
(interferencia)

La misma Teoría del Balazo que dominó durante la primera mitad del siglo XX tuvo también la siguiente representación:

estímulo ➡ respuesta ➡ pistola ➡ blanco
➡ transmisor ➡ receptor

El modelo anterior dio origen al proceso de comunicación que se conoce como la Fórmula de Lasswell, que se presenta a continuación:

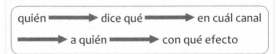

quién ➡ dice qué ➡ en cuál canal
➡ a quién ➡ con qué efecto

Más tarde aparecieron otros modelos tales como el de la Teoría del Efecto Nulo o el de la Teoría Relacional de la Comunicación, sin embargo, para nuestros fines, se dan más adelante los modelos que se refieren a la comunicación científica en particular.

REFERENCIA:

Earl S. Basic concepts and principles of communication theory. En Handbook of science communication. Bristol: Institute of Physics; 1998.

¿QUÉ SE ENTIENDE POR COMUNICACIÓN DE LA CIENCIA?

Para que las disciplinas avancen no es suficiente que las ideas se originen o que se desarrollen experimentos o nuevas metodologías. Las innovaciones deben comunicarse a otros, aun cuando se argumenta que más que contribuciones de los investigadores se trata de donativos, puesto que ellos no reciben a cambio regalías por sus artículos y un gran número de veces sus propias instituciones de adscripción tienen que cubrir cuotas para que sus colaboradores publiquen en determinadas revistas o ayudar al sostenimiento de otras. Sin embargo, está establecido que quien no publica no debe llamarse científico, o como dice Price ". . . cuando un hombre trabaja produce algo nuevo y el resultado es una publicación, entonces, él ha estado haciendo lo que yo llamo ciencia".

Lo anterior nos lleva a recordar que el concepto formal/informal aun cuando insuficientemente definido está respaldado po

Ir la teoría de la evolución de paradigmas de Kuhn. La caracterización de la ciencia en *hard*, es decir, dura, formal, impersonal, difícil, rigurosa, o *soft*, esto es, débil, maleable, informal lleva a señalar que mientras más se orienta una disciplina hacia las humanidades, o hacia lo *soft*, hará mayor uso de los libros como canal de comunicación.

La comunicación formal en las ciencias físicas y naturales se realiza principalmente a través de los artículos científicos. Los libros son importantes en las ciencias sociales y en las humanidades.

La divulgación científica, empero, al no ser considerada "seria" no es tomada en cuenta ni por el sistema de comunicación científica ni por el sistema de reconocimientos.

La meta de la investigación no es la satisfacción de intereses individuales, de la curiosidad personal o el deseo de solucionar problemas, sino la comunicación de los resultados del quehacer científico a los pares. Se define a la comunicación científica como el intercambio de información entre los científicos involucrados en la investigación y comprende tanto a los autores como al público al que va dirigida.

REFERENCIAS:

Cole JR, Cole S. Social stratification in science. Chicago : University of Chicago Press; 1973.

Garvey WD. Communication: the essence of science; facilitating information exchange among librarians, scientists, engineers, and students. Oxford: Pergamon Press; 1979.

Kuhn T. The structure of scientific revolutions. Chicago : University of Chicago Press;1970.

MacGrath WE. Relationships between hard/soft, pure/applied, and life/non-life disciplines and subject book use in a university library. Information Processing and Management 1978; 14: 17-28.

Price D de Solla. Policies for science? Melbourne Journal of Politics 1969; 2: 4.

Storer NW. The hard sciences and the soft: some sociological observations. Bulletin of the Medical Library Association 1967; 55: 75-84.

| ¿EN CUÁNTAS PARTES SE PUEDE DIVIDIR LA COMUNICACIÓN CIENTIFICA? | La comunicación científica se divide en las siguientes cuatro partes:
• Registro - de nuevas ideas o conocimiento.
• Certificación - de la calidad y validez de la investigación.
• Alerta - de la investigación a través de su diseminación y acceso.
• Archivo - de la investigación para un acceso y uso en el futuro. |

REFERENCIA:
Crow R. The case for institutional repositories: a SPARC position paper. Disponible: http://www.arl.org/sparc/bm%7Edoc/ir_final_release_q0w.pdf

| ¿A QUE SE LE LLAMA CANAL DE COMUNICACIÓN? | La comunicación de la investigación utiliza medios formales e informales que van desde los libros hasta la palabra transformándose, mediante una gran variedad de medios que hacen uso de innumerables procesos, es decir, la comunicación científica abarca desde la discusión informal entre dos científicos hasta los canales formales de la comunicación tales como las revistas, las revisiones bibliográficas y los libros.

La constitución del sistema de comunicación científica corresponde a las propias comunidades científicas y está formado por las revistas en donde se publican los resultados de las investigaciones, las reuniones científicas, en las que los investigadores discuten con otros investigadores sus problemas y, por |

último, los servicios secundarios y terciarios de información. A través de dicho sistema, el trabajo del investigador pasa a formar parte del conocimiento público para beneficio de la propia disciplina y de la sociedad.

El sistema no sólo es el medio para la difusión del conocimiento científico, sino que también fija las normas de aceptabilidad de la ciencia.

Si bien las formas de la comunicación son variadas e incluyen los medios orales, los documentales y los audiovisuales, el sistema de comunicación de la ciencia no las acepta en su totalidad.

Los canales formales en la comunicación científica exigen que el artículo o el libro científico sean productos terminados y pulidos, mientras que los canales informales carecen de ese rigor. Son canales que independientemente de que el público al que van dirigidos es más limitado, no da a los científicos un amplio reconocimiento. La función más importante de estos canales no es en sí la participación en ellos, por ejemplo, en una reunión científica, sino la oportunidad de encontrar a los pares.

La comunicación con colegas a través del correo electrónico o redes sociales, las visitas a los iguales, las relaciones con los investigadores de la misma institución son actividades relevantes, sin embargo, la información que obtienen puede ir desde la más precisa hasta la más dudosa y confusa. El siguiente agrupamiento de varios canales de comunicación es aplicable a las ciencias duras. En él queda de manifiesto la variedad de relaciones personales que pueden ocurrir.

- Artículos publicados en revistas, libros y comunicaciones presentadas en reuniones científicas.
- Trato con colegas por medio de reuniones científicas o con científicos de diferentes instituciones, de la propia institución, antiguos colaboradores o miembros de diferentes disciplinas y grupos de legos.

Pese a la posible inexactitud de la información proporcionada por los colegas no puede negarse que la relación con ellos es valiosa y que con el tiempo es posible que dé lugar a comunicaciones formales.

Las diferencias que existen entre las personalidades de los investigadores y los sitios de trabajo obviamente provocan variantes en cuanto a la práctica y a la intensidad de la comunicación. De esta manera, se han señalado cuatro tipos de investigador que se distinguen por la cantidad y la calidad de su producción, a saber:

- El investigador que escribe artículos científicos con frecuencia y es citado a menudo.
- El científico que escribe un número considerable de trabajos pero que no es citado,
- El perfeccionista que escasamente publica pero es ampliamente reconocido por sus publicaciones,
- El silencioso que produce poco y en consecuencia es poco citado.

El reconocimiento de la comunidad científica hacia estos grupos se da de la siguiente forma: los investigadores pertenecientes al primero y al tercer grupo tienen igual mérito, el segundo va a alguna distancia de los anteriores y los del cuarto grupo van al final.

Si bien la generación y el uso de conocimiento son acciones cotidianas, es en función de la delimitación que los científicos tienen que hacer al cuerpo de conocimientos relativos a sus líneas de investigación, que se hace necesario recordar el siguiente ciclo:

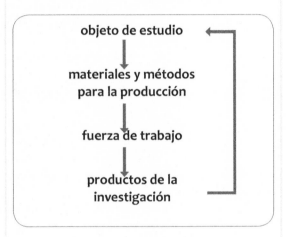

En relación con este último punto cabe señalar que los productos de la investigación generados en los países llamados "desarrollados" son captados por bibliografías, bases de datos, índices, sin embargo, la producción de los países menos desarrollados, salvo una pequeñísima parte, continúa sin estar cubierta por los servicios foráneos pese a los intentos por lograr la identificación de los productos generados en el país. El aparato bibliográfico de los países desarrollados, independientemente de que se utiliza como un indicador para otorgar reconocimiento a los estudiosos, puesto que con su sola inclusión en ellos se pretende determinar la relevancia, importancia, 'impacto', utilidad, reconocimiento, se asocia con la falta de investigación de primera clase, dando así una imagen distorsionada de los esfuerzos de muchas naciones.

Desde el punto de vista de los investigadores, el conocimiento válido es aquel que se registra en los archivos de la ciencia, constituidos éstos por revistas científicas y libros, entre otros, y está disponible para el escrutinio público.

Por su parte, los repositorios de los productos de la investigación tienen la función de garantizar lo siguiente:

- La conservación de la documentación en forma que pueda ser utilizada.
- El uso de los recursos locales y foráneos.

Así como también:

- Agilizar la obtención de documentos de repositorios locales y del exterior.
- Evitar tardanzas innecesarias en la provisión de servicios.

REFERENCIAS:

King Research, Inc. Statistical indicators of scientific and technical communication 1960-1980. Rockville, Md: King Research, Inc.: Center for Quantitative Sciences; 1980, v. 1.

Hagstrom WO. The scientific community. New York : Basic Books; 1965.

Meadows AJ. Communication in science. London : Butterworths; 1974.

Ziman J. Teaching and learning about science and society. Cambridge : Cambridge University Press; 1980.

¿HA EVOLUCIONADO LA FORMA EN QUE SE COMUNICA LA CIENCIA?

Los modelos de comunicación científica que comprenden desde el inicio de la investigación hasta su publicación, incluyendo la revisión, ya han sufrido modificaciones. Tanto el modelo que William Garvey, Belver Griffith y colaboradores desarrollaron en la década de los 70 como otro del siglo anterior que apareció en la misma época, propuesto por la UNESCO y denominado UNISIST, fueron modelos aplicables a las ciencias duras y a las sociales que tomaban en cuenta los canales de comunicación vigentes durante varios lustros, divididos en formales e informales e incluían las comunicaciones personales (orales) entre individuos y grupos, así como la publicación en revistas y libros, sin embargo, la tecnología de la información, incipiente en la época, tuvo que esperar para introducir enormes cambios a los modelos iniciales.

Los científicos se comunicaban por medio del teléfono, correo, visitas y encuentros en reuniones profesionales. Con el desarrollo del correo electrónico y otras formas de comunicación electrónica surgen nuevas formas de comunicación informal con conocidos o desconocidos a través de grupos de discusión especializados o redes sociales, que quizá podrían llamarse colegios electrónicos invisibles.

El modelo modernizado de Garvey/Griffith fue descrito hace más de 15 años en un libro sobre la sociedad sin papel aun antes de que la Internet estuviera desarrollada. Este modelo se basa en cambios notables presentes en la comunicación informal entre los científicos; los científicos ya no tienen que desplazarse grandes distancias o utilizar el teléfono.

La Internet, el correo electrónico, las redes sociales, los blogs y los grupos de discusión los han sustituido.

Con las revistas electrónicas se vino a demostrar que con la tecnología se agiliza el procesamiento y diseminación de información. El moderno modelo de Garvey/Griffith incorpora la tecnología al proceso de arbitraje.

Un modelo más, el llamado "sin revisión", con dos orientaciones se presenta como resultado de las críticas al arbitraje. La primera comprende un sistema de comunicación en red: las bases de datos de preimpresos representan una aproximación a un sistema de comunicación libre y abierto. En el sistema tradicional en papel, el envío de preimpresos estaba circunscrito a colegas quienes depositaban sus ejemplares en bibliotecas. El modelo electrónico libera a la biblioteca de la carga de organizar y conservar los preimpresos para hacer uso de los recursos de cómputo institucionales al disponer de espacio en un servidor donde el autor deposita sus artículos que representan investigaciones concluidas. Se incorporan, asimismo, vínculos a otros artículos así como a archivos e imágenes.

La segunda orientación incluye a la WWW y diferentes interfaces ofrecen posibilidades que los científicos ya utilizan para diseminar su investigación. Se trata de un sistema más abierto donde cada autor "publica" los resultados de su quehacer a través de una página electrónica. Algunas críticas que valoran el trabajo de revisores y editores se refiere al anterior como un modelo tipo "feria de vanidades". También existen modelos de revisión emergente en el caso de la publicación electrónica: el tradicional, que establece que no se considerarán los manuscritos para publicación si han estado a disposición en la Internet.

El modelo de revisión de no prepublicación se describió como primera opción del modelo "sin revisión" arriba descrito.

El modelo de arbitraje de pre-revisión incluye un "sistema de revisión abierto" que consiste en publicar comentarios revisados sobre artículos electrónicos, también examinados, así como las respuestas de los autores de esos artículos a los comentarios.

Con el modelo de posrevisión se da a los lectores la oportunidad de comentar sobre los méritos, limitaciones o inexactitudes de los artículos en línea. Una vez que la pos-revisión se ha completado, el manuscrito se conserva en presentación electrónica o se imprime en papel.

Sondergaard y colaboradores proponen una nueva versión del modelo llamado en su momento UNISIST, el cual toma en cuenta la presencia de la Internet.

Björk sugiere un nuevo modelo que incluye desde el inicio de la investigación hasta la incorporación de los resultados de la investigación a la vida diaria.

REFERENCIAS:

Björk BC. A model of scientific communication as a global distributed information system. Information Research 2007; 12 (2) paper 307.

Garvey WD, Griffith BC. Communication and information processing within scientific disciplines: Empirical findings for psychology. Information Storage and Retrieval 1972; 8:123-126.

Garvey WD, Communication: the essence of science. Elmsford, NY: Pergamon Press; 1979.

Harnad S. Implementing peer review on the net: scientific quality control in scholarly electronic journals. En Scholarly publishing: the electronic frontier. Cambridge, MA: MIT Press; 1996. p. 103-118.

Hjorland B. Unisist model of information dissemination. Disponible: http://www.db.dk.bh/Core%20Concepts%20in%20LIS/articles%20a-z/unisist_model_of_information_dis.htm2003?

Hurd JM. Models of scientific communication systems. En From print to electronic: the transformation of scientific communication. Medford, NJ: ASIS, 1996. p. 9-33.

Kassirer JP, Angell M. The Internet and the journal. New England Journal of Medicine 1995; 332:1709-10.

Lancaster FW. Toward paperless information systems. London: Academic Press; 1978.

Sondergaard TF, Andersen J, Hjorland B. Documents and the communication of scientific and scholarly information. Revising and updating the UNISIST model. Journal of Documentation 2003; 59: 278-320.

Weller A.C. Emerging models of editorial peer review in the electronic publication environment. Disponible: http://www.icml.org/sunday/publishing/weller.htm

¿QUÉ TAN ANTIGUOS SON LOS CONGRESOS CIENTÍFICOS INTERNACIONALES?

Los congresos científicos internacionales como canal informal de comunicación tienen largos siglos de existir. Se tiene noticia que tanto en Alemania como en Francia se realizaron congresos internacionales en el siglo XVIII. Sin embargo, la época moderna de los congresos internacionales se remonta al siglo XIX, cuando en 1853 se llevó a cabo en Bruselas un congreso internacional de estadística organizado por Adolphe Quetelet. A continuación se da una lista de algunos de los congresos internacionales que comenzaron a realizarse en el siglo XIX:

FECHA DE INICIO	DISCIPLINA
1853	Estadística
1857	Oftalmología
1860	Química
1863	Veterinaria
1864	Botánica
1865	Farmacia
1871	Geografía
1873	Meteorología
1878	Geología
1889	Fisiología
1897	Matemáticas

REFERENCIA:
Vickery BC. Scientific communication in history. Lanham, MD: Scarecrow; 2000.

¿QUÉ ES PECHAKUCHA O PECHA KUCHA?	Es una forma de presentación creativa que se inició en Tokio en la década anterior y consiste en la presentación de 20 diapositivas, cada una con una duración de 20 segundos, o sea 20x20, es decir, la presentación toma 6 minutos y 40 segundos.
¿EN QUÉ CONSISTEN LAS PRESENTACIONES QUE PROPICIAN DISCUSIONES?	Estas presentaciones, llamadas en inglés *ignite talks*, tienen una duración de siete minutos y tienen como propósito provocar la reflexión y la discusión sobre los temas que se presentan.
¿A QUÉ SE LE LLAMA WEBINARIO?	A las conferencias o semminarios web o virtuales que se desarrollan en tiempo real.
¿CUÁNTOS LIBROS CIENTIFICOS SE PUBLICARON EN LOS DOS PRIMEROS SIGLOS DE LA IMPRENTA?	Es difícil cuantificar el número de libros publicados por siglo, sin embargo, las cifras que se dan a continuación sirven para destacar que su presencia como canales de comunicación científica no es reciente.:

Siglo	XV	XVI
Libros	30,000	242,000

Hay que tomar en cuenta, sin embargo, que en el siglo XV se imprimen en Europa los incunables y que pasan años antes de que salgan libros científicos de las prensas mexicanas, que inician su actividad en el siglo XVI.

REFERENCIA:
Iwinski MB. La statistique internationale des imprimés. Bulletin de l'Institut International de Bibliographie, 1911; 16: 1-139.

¿A QUE SE LE LLAMA PRODUCCION INTELECTUAL?	A lo que producen los intelectuales, es decir, quienes se dedican a actividades en las que predomina el uso de la inteligencia.

REFERENCIA:
Targino MDG. Produçao intelectual, produçao academica: facetas de uma mesma moeda? En Produçao intelectual no ambiente académico. Londrina: UEL/CIN; 2010. p. 31-45.

¿A QUE SE LE LLAMA PRODUCCION CIENTIFICA?	A la que propicia el avance de la ciencia y la tecnología.

REFERENCIA:
Targino MDG. Produçao intelectual, produçao academica: facetas de uma mesma moeda? En Produçao intelectual no ambiente académico. Londrina: UEL/CIN; 2010. p. 31-45.

¿A QUE SE LE LLAMA PRODUCCION ACADEMICA?	A las publicaciones de los integrantes de las universidades o instituciones de educación superior.

REFERENCIA:
Targino MDG. Produçao intelectual, produçao academica: facetas de uma mesma moeda? En Produçao intelectual no ambiente académico. Londrina: UEL/CIN; 2010. p. 31-45.

¿PUEDE DECIRSE QUE LA CIENCIA TIENE UN IDIOMA UNIVERSAL?

Sí, sin embargo, aun cuando un efecto de la dispersión de la actividad científica es que sus productos se comunican en diferentes idiomas, en la actualidad el inglés es la *lingua franca* de la ciencia, es decir, la mayor parte de las publicaciones científicas relevantes aparecen en inglés.

Un análisis de la literatura en química de los siglos XV al XIX (1492-1892) realizado por Bolton es un ejemplo de los idiomas que han predominado.

IDIOMA	LIBROS	REVISTAS
Alemán	3,072	195
Inglés	1,732	125
Francés	1,563	80
Italiano	450	29
Latín	403	-
Holandés	277	11
Ruso	219	1
Español	174	-
Danés	84	6
Otros	142	23

¿PUEDE DECIRSE QUE LA HISTORIA DE LA TRANSFERENCIA DE INFORMACIÓN ESTÁ DIVIDIDA EN FASES?

Sí, y sus fases son las siguientes:

- La primera fase comenzó con la aparición de la primera revista científica. En 1750 ya había 10 títulos de revistas científicas y en el año 1800 su número llegaba a 100. Ya para esa época era difícil para cualquier científico o tecnólogo mantenerse actualizado por medio de la revisión de la literatura primaria, que representaba un problema, no sólo en cuanto a su volumen, sino también en cuanto a la barrera idiomática, puesto que muchas personas no tenían acceso a la información debido a la dificultad para leer trabajos de importancia escritos en un idioma que no conocían.

- La segunda fase se deriva de la fase anterior y está constituida por el advenimiento de los servicios secundarios de información, en forma de publicaciones de resúmenes y otros servicios bibliográficos. Es verdad que los servicios bibliográficos de información han tenido un papel de gran importancia puesto que han desempeñado una doble función: la de servir como servicios de alerta, así como también para obtener los documentos publicados en el pasado. Sin embargo, los servicios han proliferado tanto como las revistas lo cual ha originado una gran duplicación en cuanto a la cobertura de un mismo título por más de un servicio.

- La tercera fase surge con la llegada de la computadora para intentar resolver los problemas creados no sólo por la proliferación de la literatura secundaria, sino también por aquéllos causados por la gran complejidad y especialización de la investigación y el desarrollo científico.

REFERENCIA:
Mann EJ. Modern information sources for the dairy scientist. Dairy Industries International 1979; 44: 27, 29, 32, 35.

¿ES VIGENTE LA REVISTA CIENTÍFICA?

La revista continúa siendo la forma más usada por el actual sistema de transferencia de información y es notable el hecho de que en 300 años de existencia el artículo científico ha cambiado menos que otro tipo de literatura.

El carácter personal de la epístola y su dificultad para trascender las fronteras geográficas, sin embargo, dieron origen al canal que ha facilitado el progreso de la ciencia y la protección de las contribuciones de los investigadores. De esta manera la revista ha desempeñado las siguientes funciones:

- Servir de repositorio.
- Comunicar nuevo conocimiento,

Ya las primeras revistas, el *Journal de Sçavans* y *Philosophical Transactions*, aparecidas en el siglo XVII, tenían tales funciones, es decir, pretendían vincular a los integrantes de las comunidades científicas de la época.

REFERENCIA:

Ziman JM. Public knowledge: an essay concerning the social function of science. Cambridge : University Press; 1968.

¿EN QUÉ PAÍSES APARECIERON LAS PRIMERAS REVISTAS CIENTÍFICAS Y CUÁLES FUERON SUS TÍTULOS?

Con el surgimiento de la Royal Society of London, for the Improving of Natural Knowledge (fl. 1660) y la Académie Royale des Sciences (fl. 1666) se hizo manifiesta la necesidad de una mejor y más amplia forma de comunicación: la revista. De esta manera aparecen, casi simultáneamente, el *Journal des Sçavans*, en París, que vio la luz el 5 de enero de 1665, bajo la dirección de Denis de Sallo (1626-1669) y *Philosophical Transactions*, en Londres, órgano de la Royal Society of London, que se inició el 6 de marzo del mismo año y salvo el lapso entre 1676 y 1683 se ha publicado sin interrupción. La publicación se inició bajo la dirección de Henry Oldenburg (ca. 1618-1677) y su contenido era de carácter científico, es decir, no estaba dirigida a los aficionados.

| ¿CUÁL ES LA FUNCIÓN DE LA REVISTA ACADÉMICA? | Servir de repositorio de conocimientos e ideas para ser debatidos; no es lo mismo que una revista profesional que como su nombre lo indica está dirigida a un grupo que se desempeña en alguna profesión. |

REFERENCIA:
Epstein D, Kenway J, Boden R. Writing for publication. London: Sage; 2007.

| ¿A QUÉ SE DEBE LA APARICIÓN DE NUEVOS TIPOS DE REVISTAS CIENTÍFICAS? | El número de revistas científicas publicadas en el siglo XX es posible que supere en 50% al número de revistas publicadas hasta ese siglo. Pese a la disponibilidad de títulos, los científicos se quejaban del tiempo que tardaban sus manuscritos en ver la luz. Revistas tales como *Nature* (1870), *Science* (1883), o *Naturwissenschaften* (1913) intentaron, por medio de notas sobre "investigación concluida recientemente" contribuir a la solución del problema. No obstante, en la década de los sesenta del siglo anterior surgen en varias disciplinas revistas que publican "cartas",entre otras, en electrónica, física, química, química orgánica y fisicoquímica. Asimismo, la especialización de las revistas es consecuencia de la propia especialización de las disciplinas |

REFERENCIA:
Vickery BC. Scientific communication in history. Lanham, MD: Scarecrow Press; 2000.

¿CUÁNDO SURGEN LOS SERVICIOS DE INDIZACIÓN Y DE RESÚMENES?

Los índices y las publicaciones de resúmenes que aparecen de principios del siglo XX a la década de los sesenta de la misma centuria se dan a continuación:

AÑO DE INICIO	TÍTULO
1879	Index Medicus
1907	Chemical Abstracts
1913	Industrial Arts Index
1916	Agricultural Index
1926	British Chemical Abstracts
1926	Biological Abstracts
1938	Dissertation Abstracts
1940	Mathematical Reviews
1940	Bulletin Analytique, CNRS
1942	Bibliography of Agriculture
1946	Excerpta Medica
1947	Nuclear Science Abstracts
1953	Referatinyi Zhurnal
1959	Geoscience Abstracts
1961	Science Citation Index
1963	International Aerospace Abstracts
1964	MEDLARS
1966	ERIC

REFERENCIA:
Vickery BC. Scientific communication in history. Lanham, MD: Scarecrow Press; 2000.

¿CUÁLES FUERON LAS PRIMERAS BASES DE DATOS EN LÍNEA?

A continuación se proporciona un listado de las primeras bases de datos en línea:

FECHA DE INICIO	TÍTULO
1964	MEDLARS
1966-1968	Scientific and Technical Reports (NASA)
1969-70	Nuclear Science Abstracts
	U.S. Government Report Abstracts
1971-72	CAIN (U.S. National Agricultural Library)
	Chemical Abstracts
1973-1974	Compendex (Engineering Index)
	American Petroleum Institute Abstracts
	Georef
	INSPEC (U.K. Electrical Engineers)
	BIOSIS

REFERENCIA:

Vickery BC. Scientific communication in history. Lanham, MD: Scarecrow Press; 2000.

¿CUÁLES FUERON LAS PRIMERAS REVISTAS CIENTÍFICAS MEXICANAS?

En México el "primer periódico de asuntos científicos del continente" con el propósito de ilustrar a los mexicanos sobre lo que era la ciencia fue editado por José Ignacio Bartolache (1739-1790), que respondía con esta acción a la demanda de dar a conocer el país y preparar a los mexicanos para que participaran en su transformación.

El *Mercurio Volante*, primera revista médica americana de la cual se publicaron 16 fascículos, del 17 de octubre de 1772 al 10 de febrero de 1773, adelantó, entre otros, al *Medical Repository* de Estados Unidos. Pese a que se discute el carácter científico del *Mercurio Volante*, algunos de sus fascículos tienen enfoque disciplinario: medicina y física, por ejemplo; en algunos números hay evidencias empíricas a través de la observación, medición o experimentación. En cuatro de los fascículos con resultados empíricos de observación y experimentación es posible identificar su forma de organización: introducción -antecedentes, hipótesis y objetivo-; materiales y métodos; resultados; discusión y conclusiones. Las citas corresponden, en su mayoría, a trabajos de anatomistas alemanes y holandeses del siglo XVII.

A José Antonio Alzate y Ramírez (1737-1799) se le debe también reconocimiento al haber difundido la ciencia en varias de sus publicaciones, especialmente las *Gazetas de Literatura* (1788-1795).

REFERENCIA:
Beltrán E. Fuentes mexicanas en la historia de la ciencia. Anales de la Sociedad Mexicana de Historia de la Ciencia y la Tecnología 1970; 2: 57-115.

¿CON QUÉ FIN SE CREARON LAS REVISTAS CIENTÍFICAS MEXICANAS?

En el primer número de la Gaceta Médica de México (1864-) órgano de la Academia Nacional de Medicina se hace referencia a que ésta aparece "para popularizar las ciencias, y en especial la Medicina, por medio de publicaciones periódicas". Se señalaba también que cada autor sería responsable de su artículo.

REFERENCIA:
Ehrmann C, Jiménez MF. Prospecto. Gaceta Médica de México 1864/1865; 1(1):1.

¿HAY UNA PERIODIZACIÓN DE LA COMUNICACIÓN CIENTÍFICA EN MÉXICO?

La periodización de la comunicación científica en México corresponde al siglo de la Ilustración, al comienzo de la medicina científica y al inicio y posterior consolidación del sistema científico mexicano. Los productos, entretejidos con la propia cultura mexicana, que han circulado libremente a partir del siglo XVIII reflejan los esfuerzos, esperanzas y desencantos de quienes han estado interesados en contribuir al desarrollo del país.

La Ilustración, que tuvo su origen en la Revolución Científica, es decir, la revolución orientada a enseñar a adoptar una concepción del mundo diferente, destacó, entre otros, los beneficios del conocimiento y, en consecuencia, el progreso social. La Ilustración se apoyó en canales de comunicación -las revistas y los periódicos- que tuvieron como objetivo la divulgación de la ciencia. Asimismo, el idioma español se populariza. Los alcances de la prensa ilustrada incluyeron el reconocimiento del español y del portugués como idiomas para transmitir cultura, y de manera específica para pensar y producir cultura científica". En ese sentido tanto el español como el portugués adquieren un poder de popularización explícito. También se dice que "... el latín sólo es necesario para entender libros latinos, pero no para pensar bien, ni para alcanzar las ciencias, las cuales son tratables en todo idioma".

Las publicaciones periódicas del periodo "... propagaron los conocimientos científicos de su tiempo en un conjunto ordenado de artículos claros y sencillos dirigidos al gran público. Sus propósitos no se cumplían con exponer teóricamente las ciencias, sino que se encaminaban al fin práctico de despertar en los mexicanos el interés y la inquietud por la ciencia, para que la aplicaran a la realidad de nuestro país y se beneficiaran con sus consecuencias. El impulso otorgado a la impresión de publicaciones periódicas es la prueba de una revolución cultural que contribuyó a la transformación de la sociedad novohispana.

El conocimiento de libros, revistas, autores y personajes era común. Las relaciones culturales con Europa eran constantes, las cuales se manifestaban en citas.

REFERENCIAS:
Bartolache JI. Mercurio Volante (1772-1773). México: UNAM; 1979.

Bronowski J, Mazlish B. La revolución científica. En La tradición intelectual de occidente. Buenos Aires: Norte y Sur; 1963. p. 122.

Gortari E de. La ciencia en la historia de México. México: Grijalbo; 1980.

Saladino García A. Ciencia y prensa durante la ilustración latinoamericana. Toluca, Méx.: Universidad Autónoma del Estado de México; 1996.

Saladino García A. Dos científicos de la ilustración hispanoamericana: J.A. Alzate, F.J. de Caldas. México: UNAM, Universidad Autónoma del Estado de México; 1990.

Saladino García A. Libros científicos del siglo XVIII latinoamericano. Toluca, Méx.: Universidad Autónoma del Estado de México; 1998.

¿PUEDE HABLARSE DE HITOS EN LA HISTORIA DE LA COMUNICACIÓN CIENTÍFICA EN MÉXICO?	Sí, y algunos de ellos son los siguientes: • 1772 Publicación de la primera revista médica • 1788 Aparición de la revista científica pionera • 1866 Incorporación de referencias • 1940 Inclusión de resúmenes al final de los artículos • 1943 Adopción del método del discurso científico

¿A QUÉ SE LE LLAMA MÉTODO DEL DISCURSO CIENTÍFICO?	El método del discurso científico es el conjunto de procedimientos que se siguen para exponer o comunicar los resultados de la investigación científica. De su utilización depende que los resultados de la investigación realizada se acepten para su publicación y, por ende, se comprendan los hallazgos para pasar a formar parte del conocimiento público.

REFERENCIA:
Gortari E de. Metodología general y métodos especiales. 2 ed. México: Océano; 1985.

¿EXISTE UNA TIPOLOGÍA DE LOS ESCRITOS CIENTÍFICOS?	Sí, algunos de ellos son los siguientes, si bien pueden variar de disciplina a disciplina: • Artículos de revista • Tesis • Capítulos de libros • Libros científicos • Carteles • Presentaciones orales

En otra categoría se ubican los que se dan a continuación:

- Libros y revistas de divulgación
- Medios de comunicación social

¿EXISTE UNA TIPOLOGÍA DE LOS ESCRITOS ACADÉMICOS?	Los siguientes tipos de escritos académicos son los más comunes, si bien no todos ellos son de carácter estrictamente científico aun cuando utilicen algún método para su elaboración. • Bibliografía anotada • Reseña de un libro • Artículo para una revista profesional • Notas de investigación • Entrevistas • Traducciones • Artículos de réplica • Artículos de reseña • Artículos teóricos

REFERENCIA:
Belcher WL. Cómo escribir un artículo académico en 12 semanas: guía para publicar con éxito. México: Flacso México; 2010.

¿PARA QUÉ ESCRIBEN LOS CIENTÍFICOS?	Los científicos escriben por la misma razón que un pintor expresa en una tela su creatividad. El científico tiene que compartir sus hallazgos con otros científicos y, de esta manera, estará cumpliendo con una de las normas de la ciencia, de acuerdo con Merton que dice que el nuevo conocimiento tiene que ser sometido al escrutinio para que pase a formar parte del cuerpo de conocimientos certificados.

REFERENCIA:
Merton RK. Social theory and social structure. New York : Free Press 1957.

¿QUIÉNES SON LOS QUE PUBLICAN?	Es posible agrupar a aquellos que publican en los siguientes apartados:

- Espontáneos, aficionados o amateurs –es decir, los que practican por placer una actividad-.
- Investigadores profesionales
- Estudiantes

¿DEBEN LOS CIENTÍFICOS CONVERTIRSE EN ESCRITORES?	No, pero su prosa debe ser fluida y no oscura. La legibilidad de los textos debe cuidarse ya que un texto mal escrito no será entendido ni citado. La lectura de textos literarios en el idioma original ayuda a iniciarse en la escritura. De esta manera, sugerimos:

- Leer dichos textos en voz alta.
- Hacer las pausas que se consideren necesarias de acuerdo con los signos de puntuación de quien lee.
- Comparar las pausas del autor del texto con las del lector.

REFERENCIA:
Epstein D, Kenway J, Boden R. Writing for publication. London: Sage; 2007.

¿EN QUÉ MOMENTO TIENE QUE COMENZAR A ESCRIBIR EL CIENTÍFICO?	Tiene que comenzarse a escribir desde el momento en que se piensa iniciar una investigación. Por ejemplo, la redacción de las siguientes actividades ayuda a que se "suelte la mano":

	• La . elaboración del plan de la investigación que quiere emprenderse.
	• La redacción de la oración tópica.
	• La redacción de una versión preliminar de la revisión bibliográfica.
	• la redacción de la pregunta de investigación.
	• La elaboración del protocolo de investigación.

REFERENCIA:
Epstein D, Kenway J, Boden R. Writing for publication. London: Sage; 2007.

¿DEBE HACERSE UN PLAN DE REDACCIÓN?	Sí, porque ayudará a lo siguiente:
	• Mantener coherencia en lo que se va a escribir.
	• Asegurar qué es lo que se trata de encontrar.
	• Esbozar los datos que se acopiarán.
	El plan toma tiempo, no se convierte en definitivo sino después de varios ensayos. El plan definitivo está sujeto a modificaciones porque conforme se trabaja en la investigación las ideas se aclaran al requerirse mayor conocimiento sobre el objeto de estudio.

REFERENCIA:
Epstein D, Kenway J, Boden R. Writing for publication. London: Sage; 2007.

¿CÓMO SE HACE UN PLAN DE REDACCIÓN?

Los tutores, asesores, profesores o colegas pueden ayudar a la redacción del plan después de explicarles en qué va a consistir la investigación. También, puede seguirse la siguiente estrategia:

- Hacer un plan en la mente para después plasmarlo en el papel.
- Recurrir a los mapas mentales manuales o elaborados con un software. Si se trata de un mapa mental manual se recomienda la utilización de colores para destacar las ideas principales y las secundarias.
- Redactar un resumen. Si es un resumen estructurado, mejor, puesto que puede ejercitarse al escribir una pequeña introducción, el objetivo, los métodos, lo que se espera de los enunciados, por ejemplo, conviene citar publicaciones relevantes al respecto, datos que servirán para comprobar lo enunciado o descripción de pruebas estadísticas.
- Adoptar la técnica llamada Cornell, que consiste en dividir una hoja de papel en dos partes separadas por una línea, una, la de la izquierda, debe ser de 6.5 cm y la segunda, o sea la de la derecha, de 15 a 20 cm. En el lado izquierdo se escribe lo que se desea estudiar y cómo; en el lado derecho de la hoja tiene que escribirse lo que se hará para completar cada uno de los enunciados indicados en la columna de la izquierda; se pueden incluir, por ejemplo, publicaciones relevantes al respecto, datos que servirán para comprobar lo enunciado o pruebas estadísticas.

- Usar un procesador de texto o las antiguas tarjetas tamaño esquela. Si utiliza tarjetas, en el reverso escribir las evidencias que se relacionan con cada punto enunciado en el anverso. Si se hace uso de un procesador de texto, en la parte superior de la hoja se escriben los puntos de la investigación y en la inferior las evidencias; asignar palabras clave e indizarlas para que queden agrupados todos los textos que se refieran al mismo tema.
- Dibujar, como se hacía en la escuela primaria, flores, árboles o esqueletos para anotar en ellos aquello sobre lo que se quiere escribir.

REFERENCIA:
Epstein D, Kenway J, Boden R. Writing for publication. London: Sage; 2007.

¿QUÉ ELEMENTOS DEBEN TOMARSE EN CUENTA EN LA REDACCIÓN?	Los siguientes elementos tienen que tomarse en cuenta: • La pregunta o preguntas a investigar o ya investigadas. • Los argumentos que contienen diferentes enfoques, temas. • Evidencias que apoyan los supuestos: datos, literatura científica.

REFERENCIA:
Epstein D, Kenway J, Boden R. Writing for publication. London: Sage; 2007.

| ¿QUÉ SE ACONSEJA CUANDO SE REDACTA? | Algunas sugerencias son las siguientes:

• Ir al grano, es decir, no dar vueltas al problema y evitar el abuso de eufemismos. Por tanto, el escrito debe ser conciso.
• Escribir párrafos y oraciones cortas, pero no telegráficas; los párrafos y oraciones largas contribuyen a que los textos no sean muy legibles.
• Leer y releer el texto una y otra vez.
• Escribir diariamente para no perder la práctica.
• Apoyar el texto con figuras o cuadros.
• Pedir ayuda a otros cuando las ideas no fluyan o bien se quiere tener la certidumbre de que el trabajo está bien escrito
• Reescribir el texto tantas veces como sea necesario; un texto nunca queda bien al primer intento. |

REFERENCIA:
Epstein D, Kenway J, Boden R. Writing for publication. London: Sage; 2007.

| ¿DEBE USARSE LA VOZ ACTIVA O LA VOZ PASIVA? | Es una convención el uso de la voz pasiva en la comunicación científica. |

REFERENCIA:
Laszlo P. Communicating science: a practical guide. Berlin; Springer; 2006.

| ¿DEBE USARSE LA PRIMERA PERSONA DEL SINGULAR O DEL PLURAL? | La manera más formal de redacción científica, a la vez que la más tradicional, es la primera persona del plural, si bien la utilización de la primera persona del singular es más directa, su empleo se considera una arrogancia. |

REFERENCIA:
Laszlo P. Communicating science: a practical guide. Berlin; Springer; 2006.

| ¿EN QUÉ CONSISTE EL PLURAL DE CORTESÍA? | En el uso de la segunda persona del plural. |

¿EN QUÉ TIEMPO DEBEN ESTAR LOS VERBOS EN LOS ESCRITOS CIENTÍFICOS?	Los tiempos de los verbos se usan de acuerdo con el apartado que esté escribiendo y del enfoque de lo que se cita o reporta. Así, en la introducción puede usarse el tiempo presente si lo que está citando es un hecho científico aceptado, pero si se citan los hallazgos de algunos estudios relacionados debe emplearse el tiempo pasado.
	En la sección de materiales y métodos debe utilizarse el tiempo pasado para describir lo que se hizo o para referirse a muestras de los sujetos estudiados, pero si se trata de una población, hay que utilizar el presente.
	Los resultados deben redactarse en tiempo pasado. En esta sección se pueden utilizar verbos que sirvan para probar algo de manera tentativa: sugerir, parecer, aparecer o especular.

En la discusión hay que usar el tiempo pasado para referirse al objetivo, la hipótesis o a los resultados, pero si se comparan los resultados con los de otro u otros estudios semejantes, tiene que usarse el tiempo presente.

En el resumen tiene que usarse el tiempo del verbo de acuerdo con la sección que se esté escribiendo.

REFERENCIA:
Weissberg R, Buker S. Writing up research: experimental research report writing for students of English. Englewood Cliffs, NJ: Prentice Hall Regents; 1990.

¿QUÉ ES LA FIRMA?

Al nombre(s) de pila y apellido(s) que un autor selecciona para sus escritos; puede llamársele también autoría que puede ser individual o colectiva.

REFERENCIA:
Laszlo P. Communicating science: a practical guide. Berlin; Springer; 2006. p. 42.

¿QUÉ SIGNIFICA NOMBRE DE PLUMA?

Es el nombre que adopta una persona para escribir, es decir, el nombre escogido por el autor.

¿QUÉ ES LA COLABORACIÓN?

La colaboración es la unión de esfuerzos para el logro de una meta; los colaboradores, se dice en algunas disciplinas, son los investigadores que trabajan unidos durante la duración de un proyecto o parte del mismo; quienes participan en la elaboración del protocolo; los responsables de alguna parte de la empresa, por ejemplo los encargados del diseño experimental, del análisis en interpretación de los datos o de la redacción del documento; el autor de la elección del objeto de estudio o de quien reúne los fondos para el estudio. No reciben el nombre de colaboradores quienes sólo han realizado una pequeña parte de la investigación o los que no son propiamente investigadores como los técnicos o los ayudantes.

La colaboración se da en dos niveles: al interior y al exterior, donde participan individuos, grupos, departamentos, sectores, instituciones o países.

Si bien hay una tendencia hacia la colaboración en la investigación que permite el intercambio de conocimiento y de recursos, también hay barreras para ella, entre otras, los costos de movilización de los participantes, mayor carga administrativa de los involucrados y diferencias culturales entre los investigadores en lo relativo a control financiero o a propiedad intelectual.

Si bien la coautoría no es equivalente a la colaboración, ambas tienden a aumentar en busca, principalmente, de aumentar la productividad.

REFERENCIAS:

Bozeman B, Corley E. Scientists collaboration strategies: Implications for scientific and technical human capital. Research Policy 2004; 33: 599-616.

Katz JS, Martin BR.What is research collaboration? Research Policy 1997; 26:1-18.

Merlin G. Pragmatism and self-organization research collaboration on the individual level. Research Policy 2000; 29:31-40.

| ¿QUÉ ES LA COAUTORÍA? | Es la publicación de un documento por más de un autor. A la coautoría también se le llama autoría múltiple y en ocasiones se considera sinónimo de colaboración. |

REFERENCIA:
Diodato V. Dictionary of bibliometrics. New York: Hawthorne Press; 1994.

| ¿CÓMO SE ESTABLECE LA COAUTORÍA? | La autoría de un documento científico puede establecerse de acuerdo con los siguientes criterios:

• Listar a los autores en orden descendente de participación.
• Ordenar a los autores alfabéticamente por apellido.
• Aplicar el principio de la noblesse oblige para darle la oportunidad a un autor que se inicia a hacer "carrera", cediéndole el primer lugar en la autoría. |

| ¿SE INCLUYEN AGRADECIMIENTOS EN LOS ESCRITOS CIENTÍFICOS? | Es una obligación reconocer a quienes tuvieron alguna participación en la investigación, incluso a quienes hicieron alguna aportación económica; los nombres y su intervención deben aparecer en la sección de agradecimientos. Además, algunas revistas científicas requieren que los nombrados estén enterados de que sus nombres aparecerán en la sección correspondiente. |

¿QUÉ ES UNA APELACIÓN? Una persona puede solicitar a una publicación que se retire su nombre de la autoría cuando se ha incluido sin su consentimiento. El ombudsman de la revista puede juzgar el caso.

¿QUÉ SON LOS COLEGIOS INVISIBLES? Son relaciones informales –ya llamadas colegios invisibles desde el siglo XVII- entre científicos de diferentes instituciones y nacionalidades; los involucrados pueden aportar datos o información o bien ayudar a validar los resultados de investigación.

REFERENCIAS:
Crane D. Invisible colleges: diffusion of knowledge in scientific communities. Chicago: University of Chicago Press; 1972.

Price DJ de Solla. Little science, big science. New York; Columbia University Press; 1963.

¿QUÉ ES UN AUTOR? Es quien contribuye de manera significativa a la investigación y puede estar involucrado en alguna o algunas de las siguientes tareas: la generación de una investigación, diseño de la investigación, análisis e interpretación de los datos, revisión y redacción.

REFERENCIA:
Recommendations for the conduct, reporting, editing, and publication of scholarly work in medical journals. Disponible: www.icmje.org

¿CUÁNDO APARECE EL PRIMER TRABAJO FIRMADO?	El primer trabajo firmado apareció hace más de 4,000 años y se debió a una autora, la princesa Enheduanna, hija del rey Sargón I de Akkad; se trató de un himno en honor de Inanna, diosa del amor y de la guerra, el cual plasmó en una tablilla y firmó con un seudónimo.

REFERENCIAS:
Cronin B. The hand of science: academic writing, and its reward. Lanham, Md: Scarecrow Press; 2005.

Manguel A. A history of reading. London: Harper-Collins; 1996.

¿PUEDEN LOS AUTORES INFORMAR AL EDITOR DE UNA PUBLICACIÓN EN QUÉ CONSISTIÓ SU CONTRIBUCIÓN?	Los autores deben señalar en qué consistió su contribución al trabajo.

¿A QUÉ SE LE LLAMA AUTOR CORRESPONSAL?	Es la persona encargada de la correspondencia con la revista y con la solicitud de sobretiros. Algunos autores ven a la corresponsalía como una prueba de superioridad.

¿CUÁL ES LA FUNCIÓN DEL AUTOR MENCIONADO EN PRIMERO Y ÚLTIMO LUGAR?	Algunas veces quien aparece en primer término en la autoría es quien más contribuyó. El último autor, algunas veces, es honorario o invitado, sin embargo, esto no es una regla.

¿EXISTEN LOS AUTORES FANTASMA?	Los autores fantasma pueden ser de dos categorías: en la primera se incluye a los redactores profesionales cuyo papel no es mencionado en los agradecimientos; se trata de autores que no tomaron parte en el diseño de la investigación o en el acopio o interpretación de los datos. En la segunda categoría se encuentran los autores que habiendo participado en la investigación no pasaron a formar parte de la autoría.
¿EN QUÉ CONSISTEN LAS AUTORÍAS DE CORTESÍA	Estas autorías corresponden a personas que aparecen en las autorías sin haber hecho una contribución significativa a la investigación; a menudo son personas que ocupan puestos altos y cuyos nombres se incluyen para buscar favores. Otra acepción comprende la inclusión de colegas en el entendimiento de que hará lo mismo, sin importar si hubo o no contribución sino sólo para abultar la lista de publicaciones.
¿QUÉ ES UNA AUTORÍA GRUPAL?	Algunas revistas permiten el uso de autorías grupales, mientras que otras piden se identifique a quienes forman parte del grupo.
¿QUÉ ES UN AUTOR GARANTE?	Al menos una o dos personas de las mencionadas en la autoría deben ser responsables de la investigación desde su concepción hasta la publicación.

¿CUÁL ES LA FUNCIÓN DE LAS INSTRUCCIONES A LOS AUTORES?	Dadas las diferencias en las instrucciones a los autores de una publicación a otra, es recomendable la revisión cuidadosa de la revista seleccionada para enviar el manuscrito.

¿CUANTOS AUTORES DEBEN PARTICIPAR EN LA AUTORÍA?	No hay reglas acerca de cuántos autores deben intervenir en un artículo. Hoy en día la mayoría de las bases de datos incluyen la autoría completa, sin embargo, más que decidir cuántos autores deben aparecer en la autoría, conviene dejar establecido quiénes merecen ser considerados autores, si bien mientras más autores haya más tiempo se tardará el manuscrito en estar concluido. Con respecto al número de autores en una publicación, cabe mencionar que en 2006, más de 100 artículos tuvieron 500 coautores y un artículo en física tuvo 2,512 coautores. El año de 2012 un artículo sobre el descubrimiento del Bosón de Higgs tuvo 2,932 autores y a la fecha ha recibido varios miles de citas.

REFERENCIA:
Aad G, Abajyan T, Abbott B, Abdallah J, Abdel Khalek S, Abdelalim AA, et al. Observation of a new particle in the search for the Standard Model Higgs boson with the ATLAS detector at the LHC. Physics Letters B 2012; 716:1-29.

¿CUÁL DEBE SER EL ORDEN DE LOS AUTORES?	El orden de los autores debe ser una decisión de ellos mismos, acuerdo que, de preferencia, debe ser tomada antes de iniciar el proyecto.

¿CÓMO SE REDACTA EL TÍTULO DE UN ESCRITO CIENTÍFICO?

El título debe describir con el menor número de palabras posible el contenido del trabajo. Los títulos demasiado largos frecuentemente están llenos de "palabras vacías" tales como: consideraciones, estudio, etcétera.

Existen títulos que se aceptan si se trata de obras literarias, pero no de escritos científicos:

> *El tiempo entre costuras* (María Dueñas)
> *Dime quién soy* (Julia Navarro)
> *La sombra del ciprés es alargada* (Miguel Delibes)
> *El asedio* (Arturo Pérez-Reverte)
> *El cristal del miedo* (Marcela Serrano y Maira Serrano)
> *El turno del escriba* (Graciela Montes y Ema Wolf)

Los títulos pueden ser indicativos e informativos. Los primeros enuncian el tema de la investigación; los informativos enuncian los resultados y las conclusiones de la investigación en forma de oración. Sin embargo, sugerimos, de acuerdo con Katz el siguiente procedimiento cuando se tenga que redactar el título de un escrito científico:

- Seleccionar las palabras que describan el contenido de su escrito; pueden ser de ocho a doce.

- Estructure una frase con las palabras escogidas, tomando en cuenta que debe recapitular las Conclusiones. También, debe ser sucinto, es decir, no debe estar cargado de palabras.

REFERENCIAS:

Day RA, Gastel B. How to write and publish a scientific paper. 7 ed. Cambridge: Cambridge University Press; 2012.

Katz MJ. From research to manuscript: a guide to scientific writing. s.l.: Springer; 2009.

Wilkinson AM. The scientist's handbook for writing papers and dissertations. Englewood Cliffts NJ: Prentice Hall; 1991.

¿QUÉ CRITERIOS DEBEN REUNIR LOS RESÚMENES INFORMATIVOS?	Los resúmenes informativos deben ajustarse a los siguientes criterios:

Los resúmenes informativos deben ajustarse a los siguientes criterios:

- Son más apropiados para los trabajos de investigación original.
- Deben resumir con gran precisión el documento que se está resumiendo. puesto que frecuentemente sólo constan de 100-250 palabras.
- No deben escribirse como si fueran telegramas.
- Es conveniente redactarlos en tercera persona del singular y en pretérito.

¿CUÁLES SON LOS RESÚMENES ESTRUCTURADOS?

A aquellos que se utilizan en algunas revistas o en reuniones científicas y tienen las siguientes características:

- Su extensión es variable: 400 a 1500 palabras.
- Se dividen, la mayoría de las veces, en los apartados que se indican a continuación:

- Objetivo o pregunta de investigación, propósito de la investigación o tema de la misma.
- Métodos.
- Resultados (los más destacados).
- Conclusiones.

Este tipo de resúmenes no debe incluir introducción, o antecedentes, sin embargo, este apartado aparece algunas veces.

¿CUÁNDO SURGEN LOS RESÚMENES ESTRUCTURADOS?	Este tipo de resúmenes surge en la octava década del siglo anterior.

¿EN QUÉ DISCIPLINA SE UTILIZARON POR PRIMERA VEZ LOS RESÚMENES ESTRUCTURADOS?	Estos resúmenes empiezan a utilizarse en las revistas médicas, sin embargo, hoy en día su uso se ha extendido a otras disciplinas. Asimismo, en las reuniones científicas existe una tendencia a solicitar resúmenes estructurados a los autores interesados en participar en ellas. La estructura de estos resúmenes puede parecer rígida pero facilita la lectura y la revisión de los documentos que se apegan a ella.

REFERENCIA:

Hartley J. Current findings from research on structured abstracts. Journal of the Medical Library Association 2004; 92:368-371.

| ¿QUÉ SON LAS PALABRAS CLAVE? | Las palabras clave son términos ocurrentes en un texto y que el autor selecciona para indicar los conceptos con los que el lector tiene que estar familiarizado para comprender o localizar un artículo. |

REFERENCIA:
Collier JH, Toomey DM. Scientific and technical communication: theory, practice and policy. London: Sage; 1997

| ¿QUÉ ES UN PROTOCOLO DE INVESTIGACIÓN? | El protocolo es un prerrequisito de toda investigación. El protocolo puede tener diferentes fines: contrato con una entidad que financia la investigación, medio de comunicación con colegas o plan de investigación. |

| ¿QUÉ ELEMENTOS DEBE CONTENER UN PROTOCOLO? | Los siguientes elementos deben estar presentes en los protocolos: |

- El título: debe describir el objeto de investigación y, de ser posible, los métodos que se utilizarán; si es necesario, agregar un subtítulo.
- Antecedentes: panorama del objeto de investigación, con descripción del aspecto más relevante y dónde falta investigar, junto con una indicación clara de lo que piensa alcanzar con la investigación; se señalarán las limitaciones que tendrá la investigación, por ejemplo, cronológica, idiomática, temática, espacial, de sujetos de estudio, con

respecto a una unidad de análisis, para enfatizar que la investigación no se ampliará mas allá de esos límites.

- Justificación: las razones por las que se seleccionó el objeto de investigación: se necesita investigar sobre este objeto o problema; hacer referencia a la mejor literatura existente, brechas, utilidad de los métodos seleccionados, posibles beneficios; citar tantas fuentes como sea necesario., es decir, la revisión bibliográfica deberá describir brevemente la historia del tema, identificando hechos relevantes que hagan referencia a métodos usados y argumentos; destacar los aspectos más importantes o problemas prácticos para identificar la brecha que se intenta estudiar y señalar las que serian las preguntas de investigación (investigación cualitativa) o hipótesis (investigación cuantitativa). Si es necesario, incluir la definición de conceptos y cómo se utilizarán; especificar en qué consistirá la contribución.
- Objetivos: indicaciones claras, especificas y sucintas de lo que se espera de la investigación.
- Hipótesis o preguntas de investigación según sea el caso.
- Métodos: justificación concisa de la orientación metodológica que se intenta emplear y la forma en que se reunirá los datos, así como las técnicas de análisis que se usarán.
- Cronograma: calendario tentativo de cuando se intenta terminar la investigación; a cada actividad hay que asignarle un tiempo determinado.

- Referencias: incluir aquellas que se citan en el protocolo.
- Apoyos: incluir en este apartado cartas, por ejemplo, de instituciones que financiarán la investigación.

¿A QUÉ SE LE LLAMA "CARTA AL EDITOR"?	Son las comunicaciones que los científicos dirigen a los editores de revistas -frecuentemente prestigiosas-. Los temas de las cartas pueden ser: comentarios a un artículo publicado recientemente, informes de investigación o reportes de caso. Todas las comunicaciones son breves y tienen que apegarse a los lineamientos establecidos por la revista.

REFERENCIA:
Day RA, Gastel B. How to write and publish a scientific paper. 7 ed. Cambridge: Cambridge University Press; 2012.

¿QUÉ SON LAS EDITORIALES?	Se trata de opiniones formuladas por los científicos, algunas veces por invitación y otras *motu proprio*

¿CÓMO SE ESTRUCTURA UN INFORME DE INVESTIGACIÓN?	Los siguientes elementos deben estar incluidos en un informe de investigación: • Objetivo: ampliar la comprensión del mundo reduciendo la incertidumbre. • Resultados: éstos nunca son suficientes. Por tanto, hay que evaluar su confiabilidad: describir exactamente lo que se hizo, cómo se hizo y cómo se analizó; las

conclusiones y recomendaciones deben hacerse con cuidado.

- Presentación:
  - Índice.
  - Introducción: tiene que presentarse el escenario, indicando claramente los objetivos y el alcance de la investigación; situar el informe en el entorno adecuado y evaluar la importancia de trabajos relacionados.
  - Métodos: describir los métodos utilizados y cómo se analizaron los resultados.
  - Resultados: presentar los resultados, los cuales deben estar relacionados con el o los objetivos enunciados en la introducción. Interpretar los resultados. distinguir entre hechos e interpretaciones, inferencias, predicciones o deducciones.
  - Conclusiones: tener la certeza de que son el producto de los resultados; no establecer relaciones inexistentes.
  - Recomendaciones: deben surgir de las conclusiones.
  - Anexos: incluirlos si no interfieren con la presentación del informe, por ejemplo cuestionarios.

¿QUÉ INCLUYEN LOS INFORMES CIENTÍFICOS?	Los informes científicos deben contener lo siguiente:
	
	• Objetivo: presentar la descripción de una prueba o experimento, de sus resultados y de sus conclusiones
	• Resultados: deben ser producto de un trabajo minucioso y exacto; los métodos para lograrlos deben ser los pertinentes.
	• Presentación:
	  • Resumen
	  • Introducción: objetivos y alcance
	  • Métodos: descripción exacta de cómo se llevó a cabo el trabajo.
	  • Resultados
	  • Conclusiones: interpretar los resultados y explicar su importancia
	  • Anexos: se incluyen sólo para apoyar los resultados

¿EN QUÉ CONSISTE EL REPORTE DE CASO?	El reporte de caso es la descripción de un caso clínico de interés y, para los médicos, puede ser el primer acercamiento a la redacción científica. Por medio de los reportes de caso es posible conocer lo siguiente: • Qué le sucedió al paciente • Cómo se presentaron los eventos • Cuál fue el procedimiento que se siguió

REFERENCIA:
Wildsmith JAW. How to write a case report. En How to write a paper. London: BMJ; 1994. p. 64-70.

¿QUÉ TIENE QUE TOMARSE EN CUENTA PARA ESCRIBIR UN REPORTE DE CASO?

Si hay alguna duda acerca de cómo escribir un reporte de caso, sugerimos lo siguiente, después de considerar si lo que se quiere escribir es interesante o poco usual – característica clínica única de una enfermedad o síndrome, nueva información sobre un mecanismo patógeno o síndrome nunca descrito con anterioridad-:

- Escribir la introducción: consiste en decir con palabras no rebuscadas porqué el caso que está presentando es único o interesante.
- Describir el caso: resuma la información sobre su paciente tomada de la historia clínica: estado de salud actual, antecedentes, exámenes iniciales, pruebas de laboratorio y de gabinete y eventos posteriores.
- Redactar la discusión: en este apartado se evalúan los síntomas del paciente y se comparan con la literatura publicada.

¿CÓMO SE ESTRUCTURAN LOS REPORTES DE CASO?

La estructura de los reportes de caso puede variar de acuerdo con la revista donde se pretende publicarlo, pero la mayoría de ellas establece que este tipo de escrito tenga las siguientes características:

- Mil a mil ochocientas palabras como máximo.
- Dos a tres ilustraciones o cuadros.
- Diez referencias.
- Resumen.
- Introducción.
- Caso o casos clínicos.
- Discusión.
- Conclusiones.

Cabe mencionar que las revistas que publican reportes de casos clínicos exigen que la literatura que se cita en este tipo de documentos sea reciente.

REFERENCIA:
Wildsmith JAW. How to write a case report. En How to write a paper. London: BMJ; 1994. p. 64-70.

¿QUÉ SON LAS GUÍAS CLÍNICAS?

Las guías clínicas auxilian al personal de salud: médicos, enfermeras, farmacéuticos, etcétera, en la resolución de problemas clínicos. Para ello, la MBT, o medicina basada en evidencias, selecciona las investigaciones de mayor calidad y la literatura relevante para contribuir a la solución de casos clínicos. Existen guías clínicas en casi todas las especialidades médicas.

¿QUÉ ES UN FOLLETO DE EDUCACIÓN PARA LA SALUD?

Debido a que frecuentemente el paciente sólo recuerda alguna información dada por el médico en relación con su padecimiento, se recomienda que con objeto de que exista una comunicación más eficiente el médico prepare un resumen con los puntos más importantes tratados en la consulta, pero como esto casi nunca es posible, los folletos de educación para la salud, con un contenido para todos los pacientes con el mismo padecimiento, deben estar disponibles.

REFERENCIA:
Gray JAM. Prepare a patient education leaflet. En How to do it. 2 ed. London: British Medical Association; 1991. p. 173-177.

¿QUÉ SE DEBE TENER EN CUENTA CUANDO SE ELABORA UN FOLLETO DE EDUCACIÓN PARA LA SALUD?

La elaboración de un folleto de educación para la salud debe cuidar lo siguiente:

- Contenido:

  - Objetivos del folleto.
  - Qué debe cubrirse para cumplir con los objetivos.

- Extensión: el folleto debe ser corto, pero informativo.
- Estilo: la redacción debe ser sencilla; las oraciones deben ser cortas y no utilizar términos médicos de difícil comprensión para el paciente y sus familias.
- Diseño: el folleto debe llamar la atención. Pueden utilizarse diagramas, diferentes tipos de letras y el texto a dos columnas.

REFERENCIA:
Gray JAM. Prepare a patient education leaflet. En How to do it. 2 ed. London: British Medical Association; 1991. p. 173-177.

¿QUÉ ES UNA TESIS?

El Diccionario de la Lengua Española define el término tesis como "disertación escrita que presenta a la universidad el aspirante al título de doctor en una facultad", mientras que en el diccionario de María Moliner se dice que es un "estudio erudito sobre algún asunto, particularmente el realizado para obtener el grado de doctor en las universidades". Cabe aclarar que en las universidades mexicanas el término tesis se utiliza, indistintamente, para referirse al trabajo académico elaborado para obtener el título de licenciado o los grados de maestro o doctor. Sin embargo, lo común debería ser que el término tesis se utilizara para referirse a un producto original de investigación realizado con el propósito de recibir el grado de maestro o doctor, o un producto de investigación en el caso de la licenciatura, y cuyo fin es demostrar que el estudiante reúne las competencias necesarias para hacer investigación acerca de un tema de relevancia que contribuya al conocimiento, tratándose del doctorado.

¿TIENEN LAS TESIS ALGÚN ANTECEDENTE?

Sí, en 1517, la noche previa al día de Todos los Santos, Martin Luther clavó 95 tesis en la iglesia del catillo de Wittenberg. En ese tiempo las tesis eran posiciones que estaban sujetas a debate. Hoy en día las tesis, especialmente las de doctorado son una prueba de investigación original.

¿TODAS LAS TESIS SON IGUALES?	La evolución y forma de las tesis y los procedimientos para producirlas varían de país a país y de universidad a universidad pero, así como en el medievo se requería de un grado otorgado por una universidad para dedicarse a la enseñanza, hoy en día se necesita el grado de doctor para realizar investigación. No obstante que las universidades han otorgado el grado de doctor por cerca de ocho siglos sin que se hayan presentado cambios significativos en su proceso de obtención y a que, esencialmente, el mismo proceso que fue concebido en Europa y propagado después a otros continentes sin modificación casi desde que el primer grado se otorgó en París (*ca.* 1150), a través de la tesis doctoral se juzga la competencia de un aspirante a obtener el grado de doctor para trabajar autónomamente como investigador.
¿CÓMO DEBEN PRESENTARSE LAS TESIS?	Las tesis no se presentan al gusto del autor. Existen lineamientos internacionales que buscan normalizar la presentación de las tesis. La International Standardization Organization tiene una serie de normas relacionadas con el asunto:

ISO 214	Abstracts for publications and documentation
ISO 690	Bibliographic references: Content, form and structure
ISO 690-2	Bibliographic references: Electronic documents or parts thereof
ISO 999	Guidelines for the content, organization and presentation of indexes
ISO 1086	Title leaves of books
ISO 2145	Numbering of divisions and subdivisions in written documents
ISO 5966	Presentation of scientific and technical reports
ISO 6357	Spine titles on books and other publications
ISO7144	Presentation of theses and similar documents

| **¿EN QUÉ ORDEN DEBEN PRESENTARSE LAS DIFERENTES PARTES DE UNA TESIS?** | De acuerdo con la norma ISO 7144 las tesis deben estar ordenadas de la siguiente manera:

 • Portada
 • Erratas
 • Resumen
 • Prefacio
 • Índice
 • Lista de cuadros, ilustraciones, etcétera
 • Lista de abreviaturas y símbolos
 • Glosario
 • Texto |

- Lista de referencias
- Apéndices
- Índice
- Bibliografía

Dado que no existe una aceptación universal de una estructura para las tesis, a continuación sugerimos otra opción:

- Portada
- Prefacio
- Agradecimientos
- Contenido o Índice
- Resumen
- Listas de cuadros, figuras, siglas, abreviaturas, símbolos
- Introducción
- Métodos
- Resultados
- Discusión
- Conclusión o Conclusiones
- Referencias
- Apéndices

REFERENCIA:
Russey WE, Ebel HF, Bliefert C. How to write a successful science thesis: the concise guide for students. Winheim: Wiley-VCH; 2006.

¿QUÉ ELEMENTOS DE CALIDAD DEBE REUNIR UNA TESIS?

Las tesis deben reunir los siguientes requisitos de calidad:

- El problema de investigación debe ser relevante; el estudiante debe demostrar que cuenta con las habilidades necesarias para enfocarlo.
- El contexto científico debe ser pertinente, es decir, el estudiante debe haber realizado una revisión bibliográfica amplia acerca del objeto de estudio con el propósito de citar sólo lo relevante.
- Los métodos y técnicas utilizados son los adecuados, lo cual se relaciona con la calidad de la revisión bibliográfica.

- Los datos acopiados y el análisis de los mismos deben responder a las hipótesis planteadas.
- Los resultados deben estar separados de la discusión, puesto que en esta última el autor de la tesis debe demostrar que conoce la literatura citada para relacionarla con los hallazgos y su interpretación.
- La estructura debe corresponder al tipo de investigación realizada.
- La redacción debe ser legible.
- La tesis debe mostrar las capacidades del autor para razonar, analizar y sintetizar.

REFERENCIA:
Parsons T, Knight P. How to do your dissertation in geography and related disciplines. London: Chapman &Hall; 1995.

¿ES IMPORTANTE LA PUBLICACIÓN ELECTRÓNICA DE LAS TESIS?

Sí. Las tesis, no importa que sean de licenciatura, maestría o doctorado frecuentemente se quedan almacenadas en las bibliotecas sin ser consultadas. Las tesis electrónicas en línea, preferentemente de acceso abierto, tienen la posibilidad de ser menos efímeras que las tesis impresas al permitir que se consulten libremente y con mayor rapidez sin la restricción de ser usuario de una biblioteca específica o usarla en un determinado horario.

El costo de la tesis electrónica no lo absorbe el estudiante que presenta la tesis, sin embargo, hay un costo para las instituciones, que tienen que administrar los sitios donde se encuentra el repositorio de tesis o la forma en que se conservará, justificando estos gastos en función del espacio que ocupan las tesis impresas en las bibliotecas.

¿PUEDEN PUBLICARSE LAS TESIS DESPUÉS DE HABER SIDO PRESENTADAS?

Sí. Algunas tesis llegan a publicarse como libros, pero hay que transformarlas, es decir, hay que extraerle lo medular puesto que se espera que el libro llegue a un mayor número de lectores que querrán encontrar en él algo original y vigente. Recuerde que una tesis es una tesis y la conversión de una tesis en libro comienza en la portada.

Dado que la tesis se elabora bajo la supervisión de un tutor, asesor o comité tutor que indica la dirección que ésta tiene que seguir, el libro será responsabilidad del autor. Por tanto la revisión de una tesis significa que se sale de un tipo de documento para entrar a otro. De esta manera, el autor debe intentar dar respuesta a las siguientes preguntas:

- ¿A quién se dirige la revisión de la tesis?
- ¿Tiene la tesis uno o más capítulos que puedan convertirse en libro?
- ¿Qué extensión debe tener el libro?

No hay una indicación que diga cuántas cuartillas debe tener. Un manuscrito de 300 a 400 cuartillas a doble espacio puede ser una extensión aceptable. Más de 500 páginas, donde una quinta parte esté dedicada al marco teórico es posible que se rechace ¿a Albert Einstein le hubiera interesado publicar un libro de su tesis doctoral que sólo tuvo una extensión de menos de una cuartilla? El aumento del tamaño del manuscrito de un libro no es fácil puesto que no se debe tratar sólo de "engordarlo" sino de aportar ideas, novedades y conclusiones.

REFERENCIA:
Germano W. Cómo transformar tu tesis en libro. Madrid: Siglo XXI; 2008.

¿PUEDEN PUBLICARSE ARTÍCULOS CON LOS HALLAZGOS REPORTADOS EN LAS TESIS?

Por supuesto que sí. El procedimiento que se sigue para que de una tesis puedan publicarse uno o más artículos es semejante al relativo a los libros. La tesis tiene que revisarse cuidadosamente con el fin de identificar lo publicable - no hay revista que pueda publicar una tesis-. Si se trata de una tesis experimental, los experimentos realizados pueden ser objeto de publicación, pero hay que recordar que no hay que recurrir a fraccionar excesivamente la tesis.

Cada artículo requerirá de marco teórico, hipótesis, objetivo, materiales y métodos, resultados y discusión que tendrán que extraerse de la tesis para construirlo. Por tanto, no es tarea fácil dado que requiere mucha dedicación y cuidado.

¿QUÉ ES UN CARTEL?

Un medio de comunicación que en ocasiones sustituye a las presentaciones orales en las reuniones científicas. No es la reproducción de un trabajo *in extenso* sino un resumen que debe ser lo suficientemente llamativo para que atraiga a posibles interesados.

El cartel está limitado en espacio, así es que hay que asegurarse de saber anticipadamente si la mampara en la que se colocará será vertical u horizontal y las dimensiones a las que habrá que ajustarse.

¿CÓMO SE HACE UN CARTEL?

Los carteles no deben ser improvisados, por tanto, hay que planearlos por anticipado. Debe elegirse cómo se va a presentar, el papel y los colores que se utilizarán. El título, la autoría y la institución de adscripción de los autores, si es necesario, deben aparecer en primer término. El título debe ir en letra grande, de preferencia de 36 puntos; el texto debe ser de 20 o más puntos. El tamaño de letras a emplear en los cuadros debe ser de 24 puntos o más. Pueden usarse letras negritas si se quiere destacar algo en particular. El texto debe limitarse a un mínimo, es decir, el cartel no debe estar saturado de letras, cuadros o figuras.

REFERENCIA:
How to make posters. Information techniques in ENY 5810 research. Disponible: http://www.enid.unal.edu.co/2008/docs/

| ¿QUÉ ES UN ARTÍCULO CIENTÍFICO? | Es un documento escrito que reporta resultados originales de investigación. |

REFERENCIA:
Day RA, Gastel B. How to write and publish a scientific paper. 7 ed. Cambridge: Cambridge University Press; 2012.

| ¿CUÁLES SON LAS CARACTERÍSTICAS DE LOS ARTÍCULOS CIENTÍFICOS? | Los artículos científicos tienen características propias de acuerdo con la disciplina de que se trate. Así, los artículos de las humanidades son diferentes a los de las ciencias sociales o las naturales. Por tanto, a continuación proporcionamos algunas de esas peculiaridades propias de cada grupo de disciplinas: |

Disciplina	Humanidades	Ciencias Sociales	Ciencias Naturales
Autoría	Individual	Múltiple	Múltiple
Extensión	Amplia	Amplia	Reducida
Estructura	Sin normalizar	Normalizada	Normalizada
Lista de referencias	Extensa	Corta	Corta
Notas a pie de página	Comunes	Comunes	Inexistentes
Material gráfico	Poco común	Común	Común
Lógica lingüística	Propia	Propia	Propia
Lectores	Especialistas	Especialistas	Especialistas

REFERENCIA:
Collier JH, Toomey DM. Scientific and technical communication: theory, practice and policy: theory, practice, and policy. London: Sage; 1997.

¿CÓMO SE ESTRUCTURA UN ARTÍCULO CIENTÍFICO?	La estructura del discurso científico o IMRyD, en uso desde hace más de un siglo, es la siguiente:

I   Introducción
M   Métodos
R   Resultados
D   Discusión

¿HA CAMBIADO LA ESTRUCTURA DEL ARTÍCULO CIENTÍFICO?	Sí, en algunas disciplinas la estructura vigente, o sea la IRDyM, es la siguiente, si bien la IMRyD continúa en uso:

I   Introducción
R   Resultados
D   Discusión
M   Métodos

REFERENCIA:
Day RA, Gastel B. How to write and publish a scientific paper. 7 ed. Cambridge: Cambridge University Press; 2012.

¿POR DÓNDE SE COMIENZA A ESCRIBIR UN ARTÍCULO CIENTÍFICO?	No hay una regla al respecto, sin embargo, no se recomienda comenzar a escribir siguiendo fielmente la estructura IMRyD. Por tanto, se sugiere, de acuerdo con Katz se escriba un artículo tal como se indica a continuación, si bien es conveniente tener siempre presente la estructura de los artículos científicos, de acuerdo con IMRyD:

Título y Resumen
Introducción
Materiales y métodos
Resultados
Discusión
Conclusiones

Seguir la anterior estructura no es la mejor opción, puesto que se tiene que redactar de lo conocido a lo descubierto:

Materiales y métodos
Resultados
Discusión
Introducción
Título y Resumen

De acuerdo con lo anterior, los Materiales y Métodos pueden describirse antes de tener los Resultados. Los Resultados deben analizarse antes de interpretarlos en la Discusión. La Discusión recapitula los Resultados y lleva a la Conclusión o Conclusiones. La Conclusión o Conclusiones deben estar terminadas antes de escribir la Introducción. Esta última evidencia que la Conclusión no se conocía o no estaba probada. El Título y el Resumen se escriben cuando se tiene algo que escribir.

REFERENCIAS:
Day RA, Gastel B. How to write and publish a scientific paper. 7 ed. Cambridge: Cambridge University Press; 2012.

Katz MJ. From research to manuscript: a guide to scientific writing. s.l.: Springer; 2009.

¿QUÉ INCLUYE LA INTRODUCCIÓN EN UN ARTÍCULO CIENTÍFICO?	La Introducción debe incluir la revisión bibliográfica que corresponde al marco teórico de la investigación, la o las hipótesis y, en el último párrafo, el o los objetivos de la investigación. Tanto la hipótesis como los objetivos deben estar implícitos, es decir, no es común que aparezcan los enunciados: Hipótesis, Objetivo u Objetivos.

Si la Introducción atrapa al lector, este no abandonará la lectura del artículo. Por tanto, además de que debe estar bien escrita, es decir, legible, no debe abusarse de las citas, si bien en las tesis, especialmente las de doctorado, los estudiantes deben demostrar que hicieron una revisión bibliográfica amplia y consistente que les permitió concluir su investigación. |

REFERENCIA:
Epstein D, Kenway J, Boden R. Writing for publication. London: Sage; 2007.

¿QUÉ INCLUYE LA SECCIÓN DE MÉTODOS EN UN ARTÍCULO CIENTÍFICO?	En esta sección debe describirse cuidadosamente cómo se llevó a cabo la investigación; tiene el propósito de "decirle" al lector cómo hizo la investigación con el fin de reproducirla, si es el caso y está dividida en dos partes:

    • Materiales
    • Métodos

En el primer apartado, los Materiales, deben describirse todas las especificaciones técnicas, sin embargo, hasta donde sea posible, deben omitirse los nombres comerciales. En el caso de experimentación u observación, es necesario que los comités de ética |

institucionales hayan aprobado previamente los protocolos correspondientes. Asimismo, no hay que olvidar que cuando en la investigación participan humanos, es necesario su consentimiento y conservar su anonimato.

El orden de los Métodos es cronológico, si bien en ocasiones no es posible seguirlo rigurosamente, por lo que hay que agruparlos cuando así se requiera.

Las cantidades, la temperatura, la distancia, la altura, entre otras características, deben estar claramente especificadas en la investigación, así como los análisis estadísticos, pero no deben explicarse en detalle las técnicas estadísticas empleadas a no ser que se trate de alguna que sea novedosa, la que irá acompañada de su respectiva referencia.

No hay que olvidar que en esta sección sí puede haber citas a otros documentos.

REFERENCIA:
Day RA, Gastel B. How to write and publish a scientific paper. 7 ed. Cambridge: Cambridge University Press; 2012.

¿QUÉ INCLUYE LA SECCIÓN DE RESULTADOS EN UN ARTÍCULO CIENTÍFICO?

Esta sección, como las anteriores deberá estar redactada con toda corrección, es decir, deberá evitarse lo siguiente:

- Repetir los métodos ya mencionados en la sección correspondiente.
- Proporcionar resultados irrelevantes.
- Exceso de verborrea.
- Duplicar innecesariamente los mismos resultados en el texto y en alguna forma de representación gráfica de los datos.
- Omitir mencionar lo que no se encontró después de realizada la investigación.

REFERENCIA:

Day RA, Gastel B. How to write and publish a scientific paper. 7 ed. Cambridge: Cambridge University Press; 2012.

¿QUÉ INCLUYE LA SECCIÓN DE DISCUSIÓN EN UN ARTÍCULO CIENTÍFICO?

Esta es posiblemente la sección del artículo científico más difícil de escribir puesto que a menudo se confunde lo que es discutir: examinar los resultados proponiendo argumentos o razonamientos e interpretándolos para explicar el problema de investigación, con lo que significa recapitular. Por tanto, tienen que señalarse los puntos de coincidencia o que contrastan con los resultados de otros autores.

REFERENCIA:

Day RA, Gastel B. How to write and publish a scientific paper. 7 ed. Cambridge: Cambridge University Press; 2012.

¿QUE EXTENSION DEBEN TENER LOS ARTICULOS CIENTIFICOS?	No hay una norma que establezca qué tan extensos o tan cortos deben ser los artículos científicos, sin embargo, en estudios realizados por disciplina, se ha encontrado la extensión promedio –en número de páginas- de los artículos:

DISCIPLINA	EXTENSIÓN PROMEDIO (NO. DE PÁGINAS) 1995	EXTENSIÓN PROMEDIO (NO. DE PÁGINAS) 2007
Ciencias físicas	8.51	9.05
Matemáticas	16.29	20.01
Ciencias de la computación	11.80	14.41
Ciencias del ambiente	14.03	14.38
Ingeniería	11.23	10.21
Ciencias de la vida	10.74	9.98
Psicología	15.45	13.39
Ciencias sociales	24.16	15.31
Otras ciencias	6.92	11.43
Todas las disciplinas	11.66	13.35

REFERENCIA:
Tenopir C, King DW. The growth of journals publishing. En: The future of the academic journal. Oxford: Chandos; 2009. p. 105-123.

¿CUÁLES SON LOS ANTECEDENTES DE LOS ARTÍCULOS DE REVISIÓN?

Las publicaciones consideradas hoy en día como artículos científicos de revisión presentan una combinación de las características de dos tipos de revisiones hechas en Alemania a finales del siglo XIX: el *Jahresbericht* y el *Ergebnis*. El primero estaba concebido como una descripción de las contribuciones aparecidas durante un año. Ocasionalmente las revisiones incluían subdivisiones sistemáticas, de acuerdo con su contenido. Los artículos no pretendían ser críticos o dar una evaluación de los documentos base, sino presentar un recuento anual de las contribuciones a la disciplina durante el periodo de análisis.

El *Ergebnis* era una forma de publicación en la cual las aportaciones de muchas disciplinas se enfocaban hacia un problema científico y sus soluciones. Era muy selectivo, crítico en su orientación, así como también heurístico, porque daba lugar a la especulación, así como al registro de los logros alcanzados en la investigación.

REFERENCIA:
Huisman M, Koster LM. How scientific review articles are produced in agriculture. Journal of Research Communication Studies 1979; 1: 187-199.

¿QUÉ ES UN ARTÍCULO DE REVISIÓN?

Es un escrito científico no original que frecuentemente se redacta a invitación del editor. Su función es analizar la literatura publicada en un lapso determinado sobre un determinado tema y, ocasionalmente, llega a incluir datos originales de quien escribe el artículo. No se trata de bibliografías, sino que los autores evalúan la evidencia acerca de una pregunta científica o tema de investigación.

La extensión de los artículos de revisión es de 70 a 150 páginas impresas y aparecen en publicaciones cuyo título inicia con: Advances in . . ., Annual Review of . . ., Recent Advances in. . ., Yearbook of . . ., si bien, también pueden publicarse en revistas especializadas.

REFERENCIA:
Day RA, Gastel B. How to write and publish a scientific paper. 7 ed. Cambridge: Cambridge University Press; 2012.

¿CÓMO SE ESTRUCTURAN LOS ARTÍCULOS DE REVISIÓN?

Los artículos de revisión no tienen una estructura predeterminada, ni la misma que los artículos de tipo empírico, pero la mayoría de las veces incluyen los siguientes elementos:

- Resumen: hasta 200 palabras
- Palabras clave: 3-6
- Índice
- Introducción
- Métodos: donde se describe cómo se hizo la revisión o la investigación, si se incluyen nuevos datos
- Discusión
- Recapitulación
- Conclusiones
- Agradecimientos
- Referencias
- Anexos

REFERENCIA:
Day RA, Gastel B. How to write and publish a scientific paper. 7 ed. Cambridge: Cambridge University Press; 2012.

¿EXISTEN ALGUNOS OTROS TIPOS DE ARTÍCULOS DE REVISIÓN?

Sí, y son los siguientes:

- Progreso: son los artículos, escritos a invitación de los editores, de hasta 2,000 palabras de extensión y no más de 50 referencias. Sus títulos pueden comenzar con las palabras Progress in...
- Noticias y perspectiva: son artículos, la mayoría de las veces redactados por invitación del editor, que dan a conocer los últimos avances en una determinada disciplina, de acuerdo con la literatura publicada o las presentaciones en congresos recientes.
- Correspondencia: corresponde a una sección en la revista donde los autores, en una página impresa o en 250-500 palabras dan a conocer sus puntos de vista sobre artículos aparecidos en un número previo de la revista o sobre el estado de algún problema científico. Si se trata de una crítica a un artículo publicado, el editor concede el derecho de réplica al autor de dicho artículo, sin embargo, cuando se presenta alguna refutación, ésta siempre se somete a revisión.
- Comentarios: se trata de artículos sobre asuntos relacionados con la especialidad de la revista y pueden referirse a política científica, la relación ciencia-sociedad o acerca de una disciplina en particular. Su extensión es de 1,500 palabras e incluyen hasta 25 referencias. Estos artículos pueden ser evaluados por pares.
- Focales: revisiones sobre temas emergentes en una disciplina.

¿QUÉ ES UN ARTÍCULO-OBJETIVO?	Los artículos-objetivos son comunes en ciertas disciplinas y tienen como propósito lo siguiente: • Dar a conocer y discutir investigación empírica que pudiera llegar a tener tanto alcance como implicaciones más amplias. • Presentar un artículo teórico que modele o sistematice un cuerpo de conocimientos. • Ofrecer una interpretación novedosa, sintetizar o criticar trabajo teórico o experimental previo.
¿QUÉ EXTENSIÓN DEBEN TENER LOS ARTÍCULOS-OBJETIVO?	Su extensión debe ser de menos de 14,000 palabras.
¿QUÉ ES UN ENSAYO?	El ensayo es un texto en prosa en el que el autor expone sus propias ideas acerca de un asunto; se trata de un texto híbrido que se ubica entre lo literario y lo científico, cuyo origen se remonta a los *Essais* de Michel Eyquem de Montaigne (1533-1592), primera obra que puede adscribirse por entero a este género, publicada en 1580.

Se dice que "el ensayo es una de las formas más recurridas de la prosa: se ocupa del análisis de un tema desde el punto de vista del autor". También que el ensayo es: ". . . como un trabajo condensado. El ensayo refleja siempre conclusiones de trabajo elaboradas por el autor: ideas, hallazgos, hipótesis . . . . El ensayo puede referirse a temas de divulgación relacionados con el mundo de las ciencias de la naturaleza -ensayo científico- o puede referirse a cuestiones relacionadas con las llamadas ciencias del espíritu, ensayo doctrinal. El primero está relegado normalmente a revistas especializadas . . . El ensayo doctrinal trata de cuestiones filosóficas, culturales, políticas, artísticas, literarias . . . cuestiones ideológicas en última instancia. En líneas generales puede decirse que los escritores y pensadores que cultivan el ensayo doctrinal se proponen abordar problemas de interpretación de una determinada realidad social y el análisis de la situación actual de la cultura en el mundo."

REFERENCIA:

Martínez Albertos JL. Curso general de redacción periodística. Madrid: Paraninfo; 2002.

Ruiz B. De escritura: el relato y la novela. México: Plan C; 2007.

¿ES EL ENSAYO UN GÉNERO LITERARIO?

El ensayo tiene una serie de características que lo identifican como género, a saber:

- Variedad y libertad temática
- Prueba
- Hipótesis
- Originalidad
- Ciencia y literatura
- Madurez
- Tono polémico
- Subjetivo
- Estilo

Los rubros anteriores sirven para indicar que el ensayo puede abordar diferentes temas a partir de una duda, prueba o pregunta con base en una hipótesis que se propone, trabaja o deja para futuros trabajos. El enfoque con el que se aborde el ensayo servirá para que el estudio sea original y se aproxime al conocimiento del objeto de estudio apoyado en conocimiento preexistente que adquiere un carácter polémico cuando hay duda. El autor toma una posición que da a conocer mediante uno o varios estilos.

Los estudiantes durante uno o más momentos de su vida en las aulas universitarias tienen que preparar ensayos, por ejemplo, cuando en un examen tienen que responder diferentes preguntas o al final de un curso tienen que redactar un texto extenso con las características de un ensayo. Por tanto, un ensayo puede tener una extensión variable que va de las 500 a las 5,000 palabras.

REFERENCIA:
Souto A. El ensayo. México: ANUIES; 1973.

¿POR QUÉ SE TIENE QUE APRENDER A ESCRIBIR ENSAYOS?	Los ensayos obligan a organizar el pensamiento y a desarrollar puntos de vista propios sobre diferentes asuntos, además de adquirir competencias para escribir. De esta manera, los ensayos vienen a ser indispensables para que el estudiante aprenda a expresar conceptos e ideas, basados en conocimiento preexistente o construido por el alumno; se trata de una competencia que le va a servir para la vida y que requerirá a lo largo de su ejercicio profesional donde no sólo aplicará el recurso de la comunicación verbal sino también del escrito. Así, la redacción tendrá que ser correcta, donde los puntos oscuros no tendrán cabida.
¿DEBE EL ENSAYO RESPONDER A UNA PREGUNTA?	Sí, y para ello es necesario examinar cuidadosamente la pregunta que se tiene que responder, los supuestos detrás de la misma y las posibles implicaciones que se desprendan de ella. Para ello es conveniente que se haga una relación de una serie de palabras clave o directrices que se refieran a la pregunta.
¿CÓMO PUEDE ABORDARSE ALGÚN ASUNTO EN UN ENSAYO?	En los exámenes, los profesores incluyen en las preguntas los siguientes términos que los estudiantes pueden abordar, según se indica entre paréntesis: • Comparar (buscar diferencias y similitudes entre dos o más objetos, etc; es aconsejable llegar a una conclusión).

- Contrastar (destacar diferencias).
- Criticar (dar juicio acerca de los méritos de teorías o bien opiniones acerca de la veracidad de los hechos discutiendo las evidencias o razonamientos).
- Definir (dar el significado exacto de una frase o palabra.
- Describir (dar una detallada reseña del punto a tratar).
- Discutir (investigar o examinar argumentando o debatiendo).
- Evaluar (destacar el valor de algo; incluir la opinión personal).
- Explicar (hacer conocer, interpretar y dar las razones para ello).
- Ilustrar (usar una figura o diagrama para explicar o aclarar).
- Interpretar (hacer explícito su juicio, además de apoyarse en él).
- Justificar (dar a conocer las bases para decisiones y conclusiones).
- Delinear (proporcionar las principales características o principios generales de un tema).
- Relacionar (mostrar cómo los sujetos, objetos, etc. están relacionados entre sí).
- Revisar (hacer una revisión bibliográfica por ejemplo).
- Señalar (presentar el asunto estudiado de manera clara y precisa).
- Resumir (dar los puntos principales de manera concisa).
- Rastrear (desarrollar el tema desde los orígenes).

Además, es importante advertir en cuántas partes se divide la pregunta y la importancia que le dará a cada una de ellas. Si se trata de una investigación que tenga que presentar como ensayo, es importante delimitar cuidadosamente el tema de investigación.

Antes de iniciar el trabajo hay que tomar las siguientes acciones:

- Leer para poder delimitar la investigación.
- Utilizar diferentes fuentes para ampliar el panorama: enciclopedias, bibliografías, revistas, etcétera.
- Conservar un cuaderno de bitácora – como el cuaderno en el que se anotan las incidencias ocurridas durante la navegación tales como rumbos, maniobras- en el que escriban ideas, citas, ejemplos, para recurrir a ellos en su oportunidad.
- Llevar un cuidadoso registro bibliográfico de las fuentes consultadas.
- Dar el reconocimiento al trabajo de otros.
- Planificar el ensayo, es decir, elaborar un mapa mental que permita no sólo una manera organizada de trabajar, sino más que nada presentar gráficamente, a partir de una idea central, cada idea que se relacione con la misma.

REFERENCIA:
Ashman S, Crème P. How to write essays. 3 ed. London: University of North London; 1996.

¿CUÁL ES EL PROCEDIMIENTO PARA ESCRIBIR UN ENSAYO?

Se han señalado los siguientes diez pasos consecutivos para escribir ensayos:

- Investigación: hay que comenzar averiguando qué es lo que se ha escrito sobre el tema del ensayo, tanto en fuentes impresas como electrónicas, disponibles en la biblioteca o a través de la Internet; tomar notas y sumergirse en las palabras de los grandes pensadores o en las de los líderes de su campo.
- Análisis: revisar los argumentos de los ensayos que esté leyendo; buscar las fallas en la argumentación, así como las fortalezas.
- Lluvia de ideas: formular preguntas e intentar darles respuesta.
- Tesis: seleccionar la mejor idea sobre la cual va a escribir. La tesis –proposición u opinión, que se mantiene e intenta demostrar con razonamientos- será el punto principal qué redactar, de tal manera que permita al lector conocer sus intenciones. Elaborar un mapa de la estructura argumento.
- Plan: hay que trabajar con un plan; usar oraciones cortas para los párrafos y destacar los puntos que se desarrollarán en cada uno de ellos; después, ordenarlos.
- Introducción: es hora de sentarse a escribir. La introducción tiene que llamar la atención del lector. Para ello, hay que dejar plasmado el asunto y darle toda la atención a la tesis.

	• Los párrafos: cada párrafo debe referirse a una sola idea que apoye la tesis. Comenzar los párrafos con oraciones; hay que basarse en evidencias; exponer las ideas de la manera más clara posible. • Conclusión: terminar el ensayo con una cita, por ejemplo. • Estilo bibliográfico: citar correctamente las fuentes utilizadas en el texto. • Discurso: revisar y pulir el discurso.

REFERENCIA:
Johnson T. How to write an essay. Cairo: American University; 2004

¿QUÉ ESTRUCTURA DEBE TENER UN ENSAYO?	La estructura de un ensayo es la que se indica a continuación:
	
	• Introducción
	   • Qué quiere decir el título
	   • Cuáles son los objetivos
	   • Qué aspectos del objeto de estudio se abordarán
	   • Qué se explicará o argumentará
	• Cuerpo
	   • Construir, argumentar, explicar ideas, opiniones, hechos
	   • Sostener puntos de vista con base en ejemplos y evidencias propias y de otros
	• Conclusiones
	   • Resumir
	   • Evidenciar que se ha contestado la pregunta de investigación o llegado a un punto de vista que podría ser el punto de partida de futuras especulaciones

Para distribuir correctamente el tiempo disponible o el espacio asignado, la extensión de los apartados anteriores debe ser la siguiente:

- Introducción   7-8% del total
- Cuerpo   75-80 % del total
- Conclusión   12-15% del total

REFERENCIA:

Ashman S, Crème P. How to write essays. 3 ed. London: University of North London; 1996.

¿CÓMO SE ESCRIBE UNA RESEÑA BIBLIOGRÁFICA?

La lectura crítica del texto que se va a reseñar es indispensable. Después puede comenzarse a escribir, de acuerdo con los siguientes apartados:

- Introducción
  - De qué trata el libro, a quién está dirigido y qué tan relevante es.
- Contenido del libro
  - ¿Cómo está organizado?
  - ¿Tiene errores comprobables o es un libro que pueda despertar controversia?
- Evaluación
  - ¿Vale la pena la adquisición personal o por una biblioteca?
  - ¿Cubriría las expectativas del lector?

REFERENCIA:

Hartley J. Reading and writing book reviews across the disciplines. Journal of the American Society for Information Science and Technology 2006; 57: 1194-1207.

¿DEBE AGRADECERSE LA AYUDA PRESTADA A QUIENES AYUDARON DE ALGUNA MANERA EN LA INVESTIGACIÓN?

Por supuesto, es de bien nacidos dar las gracias, así que no hay que olvidar a quienes ayudaron de alguna manera a que la investigación se concluyera, sin embargo, no incluya los nombres de sus mascotas o los nombres dados a sus animales de experimentación o equipos para no restarle seriedad al trabajo. Algunas revistas, sin embargo, requieren que los nombrados en la sección estén enterados de que sus nombres aparecerán.

En los artículos, la sección de Agradecimientos aparece al final del mismo y antes de la lista de referencias; en las tesis o en los libros se incluyen al principio, en el prefacio.

REFERENCIA:
Day RA, Gastel B. How to write and publish a scientific paper. 7 ed. Cambridge: Cambridge University Press; 2012.

¿PUEDEN INCLUIRSE CUADROS O FIGURAS EN EL TEXTO?

Por supuesto que sí, dado que ayudan a comprender el texto. Las ilustraciones pueden ser de diferente tipo: gràficas, diagramas, dibujos, fotografías e imágenes, entre otras. Los cuadros y las figuras deben numerarse e insertarse donde hace sentido presentar datos.

Todas las ilustraciones serán identificadas como figuras y su título, corto, debe ir en la parte inferior de la figura. En los cuadros, el título va en la parte superior.

¿DEBE CITARSE SOLO LO QUE SE HA LEÍDO?	Sí, si bien es frecuente que se citen documentos que no se han leído de manera crítica.

REFERENCIA:
Cope B, Kalantzis M. Signs of epistemic disruption: transformation in the knowledge system of the academic journal. En: The future of the academic journal. Oxford: Chandos; 2009. p. 13-61.

¿EXISTE PREFERENCIA POR ALGÚN ESTILO BIBLIOGRÁFICO EN PARTICULAR?	Se ha manifestado que ". . . la preferencia de estilos bibliográficos es parcialmente cultural. Los científicos sociales, incluyendo a los psicólogos, a menudo prefieren el estilo APA [American Psychological Association]; los científicos de las ciencias naturales y físicas prefieren numerar las referencias...". De acuerdo con lo anterior, se asume que es común que las comunidades científicas seleccionen el estilo bibliográfico que usarán en sus publicaciones. Existen numerosos estilos bibliográficos, algunos utilizados por más de una comunidad, así como una norma de carácter internacional que tienen como fin lograr la uniformidad de las referencias bibliográficas. Si bien los estilos disponibles fueron elaborados fuera de nuestro país esto no significa que no se deban usar.
	Cabe mencionar que el uso de los estilos bibliográficos como APA, MLA, NLM o algún otro ha desplazado, en varias disciplinas, a las notas a pie de página, dando lugar a los listados de referencias al final de los textos.

REFERENCIAS:
Bellis N de. Bibliometrics and citation analysis: from the Science Citation Index to cybermetrics. Lanham, MD: Scarecrow Press; 2009.

Garfield E, Small H. Citation format. Journal of the American Society for Information Science 1997; 48:963.

¿CUÁLES SON LOS ESTILOS BIBLIOGRÁFICOS MÁS COMUNES?	A continuación se proporciona una lista de los estilos más conocidos y, por tanto, más comunes en diferentes disciplinas, algunos de la autoría de autores personales y otros de sociedades profesionales.

CONOCIDO COMO	RESPONSABLE	DISCIPLINA
ACS	American Chemical Society	Química
AIP	American Institute of Physics	Física
AMA	American Management Association	Negocios
AMS	American Mathematical Association	Matemáticas
ANSI	American National Standards Institute	Ciencia y tecnología
APA	American Psychological Association	Ciencias sociales
ASA	American Sociological Association	Sociología
Chicago	Chicago Manual of Style	Humanidades

CSE/CBE	Council of Biological Editors	Biología
Harvard	Sin "propietario"	Publicaciones académicas
IEEE	Institute of Electrical and Electronics Engineers	Ingeniería
ICMJE	International Committee of Medical Medicine	Journal Editors
ISO	International Standardization Organization	Todas las disciplinas
LSA	Linguistic Society of America	Lingüística
Microsoft	Microsoft Corporation	Todas las disciplinas
MLA	Modern Languages Association	Lenguas
NASW	National Association of Social Workers	Trabajo social
NLM	National Library of Medicine	Medicina y ciencias biológicas
Turabian	Turabian, Kate	Economía, tesis

¿CUÁLES SON LOS ESTILOS BIBLIOGRÁFICOS MÁS UTILIZADOS EN NUESTRO PAÍS?

Los siguientes estilos bibliográficos son los más utilizados en México:

APA
American Psychological Association. Publication manual of the American Psychological Association. 6 ed.Washington, DC: APA; 2010.

HARVARD
Snooks & Co. Style manual for authors, editors and printers. 6 ed.Milton, Qld.: Wiley Australia; 2002.

ICMJE
International Committee of Medical Journal Editors. www.nlm.nih.gov/bsd(uniform-requirements.html

ISO
International Organization for Standardization. ISO 690:2010. Documentation – Bibliographic references – content, form, and structure. 3 ed. Geneve: ISO; 2010.
International Organization for Standardization. ISO 690-2:1997. Information and Documentation-Bibliographic references . Part 2: Electronic documents or parts thereof. Geneve: ISO; 1997.

MLA
Gibaldi J. MLA handbook for writers of research papers. 7 ed. New York: Modern Language Association of America; 2009.

	NLM
	National Library of Medicine. Citing medicine: The NLM style guide for authors, editors, and publishers. 2 ed. 2009. Disponible: http:// www.ncbi.nlm. nih.gov/books/NBK7256/

| ¿QUÉ ELEMENTOS BIBLIOGRÁFICOS COMPRENDEN LOS ESTILOS BIBLIOGRÁFICOS MÁS USADOS EN NUESTRO PAÍS? | Básicamente todos los estilos incluyen la siguiente información bibliográfica, si bien el orden de los elementos varía, así como la puntuación y la tipografía utilizada:

• Nombre del autor
• Titulo del libro/artículo*
• Título de la revista*
• Año de publicación
• Lugar de publicación
• Editor
• Número de volumen
• Paginación

* si se trata de artículos de revista |

| ¿QUÉ ELEMENTOS BIBLIOGRÁFICOS COMPRENDEN LOS ESTILOS BIBLIOGRÁFICOS MÁS USADOS EN NUESTRO PAÍS? | Básicamente todos los estilos incluyen la siguiente información bibliográfica, si bien el orden de los elementos varía, así como la puntuación y la tipografía utilizada:

• Nombre del autor
• Titulo del libro/artículo*
• Título de la revista* |

- Año de publicación
- Lugar de publicación
- Editor
- Número de volumen
- Paginación

* si se trata de artículos de revista

¿ES NECESARIO NORMALIZAR LOS NOMBRES DE LOS AUTORES?	Sí. Si el autor quiere evitarse sorpresas cuando busque su lista de publicaciones en alguna base de datos nacional o del extranjero tiene que normalizar su nombre, es decir, decidir cuál será su firma científica, nombre científico, nombre de pluma o "nombre artístico". Por tanto, debe evitar usar su nombre tal como aparece en su CURP o en su credencial del IFE porque es posible que su nombre sea largo, con varios nombres de pila o apellidos, además de partículas. De esta manera, sugerimos observar lo siguiente:

- Hay que firmar siempre de la misma manera
- Seguir los lineamientos de la publicación a la que se envíe el manuscrito: nombre (s) completo (s) o iniciales y apellido o apellidos unidos con un guión.
- No usar abreviaturas: Ma., sino usar M. o María.
- Unir el apellido a las partículas De, Del, De la, De los.
- Si tiene varios nombres de pila, escoja uno y para los restantes use iniciales.
- No use partículas para unir nombres de pila: Rosa del Carmen

- No es conveniente unir nombres y apellidos con partículas: Juan de la Cabada. En caso de quererlos conservar, use guiones: Juan de-la-Cabada; Concepción González-de-la-Torre.

El International Registry for Authors: links to identify scientists (http://www.iralis.com) ayuda a seleccionar cómo firmar de manera consistente. Por ejemplo:

Autora: Judith Licea de Arenas

Judith Licea-De-Arenas

Judith LiceaDeArenas

Judith Licea

Recomendados:

Licea-De-Arenas J

DeArenas JL

¿ES NECESARIO NORMALIZAR LOS NOMBRES DE LAS INSTITUCIONES DE ADSCRIPCIÓN DE LOS AUTORES?

La forma de escribir el nombre de la institución de adscripción del autor o autores también es importante. Tiene que seguirse la forma que se acostumbre en su institución de adscripción, por ejemplo:

- Utilizar el idioma español

Incluir los siguientes datos:
- Departamento
- Dependencia
- Institución
- Ciudad
- Código postal
- País

¿EXISTEN GESTORES DE REFERENCIAS?	Sí, algunos de los gestores de referencias comerciales más utilizados son los siguientes: • EndNote • EndNote Web • Refworks • Procite • Reference Manager De forma gratuita pueden adquirirse los que se indican a continuación: • Mendeley • Zotero
¿QUÉ DEBE TOMARSE EN CUENTA ANTES DE ELEGIR UN GESTOR DE REFERENCIAS?	Debe tomarse en cuenta lo siguiente: • ¿Para qué necesita el software? • ¿Cuánto tiempo le tomará cómo aprender a usarlo? • ¿Cuánto dinero piensa gastar en la adquisición del paquete?
¿QUÉ ES EL DOI?	El Digital Object Identifier (DOI) es un código alfanumérico que identifica en la web a un artículo determinado y es asignado por el editor de la revista, es decir, se trata de un documento disponible públicamente. Dado que el DOI nunca cambia, sirve para citar un de la siguiente manera: doi: 10.1103/RevModPhys.82.2155 (tomado de Reviews of Modern Physics)

¿QUÉ SIGNIFICA PACS?	La sigla PACS corresponde a Physics and Astronomy Classification Scheme que es una clasificación adoptada internacionalmente para esas disciplinas y diseñada por el American Institute of Physics para clasificar la literatura especializada en física y astronomía. Los autores tienen que asignar esos números clasificadores del esquema PACS.
¿CUÁL ES LA UTILIDAD DE GOOGLE DOCS?	Google Docs permite a los autores: • Saber en la fase en que se encuentra su trabajo. • Tener acceso al borrador desde diferentes sitios. • Permitir, cuando se necesite, el historial del documento de principio a fin. • Crear documentos, hojas de cálculo y presentaciones en línea.
¿QUÉ SE ENTIENDE POR COMPARTIR DATOS?	Se llama compartir datos o *Data sharing* el hecho de facilitar a los colegas los ficheros de datos generados durante un proyecto de investigación. Algunas publicaciones indican que los autores deben tener disponibles los materiales, datos o protocolos para la consulta de la comunidad científica.
¿QUÉ SON LOS DATOS DE INVESTIGACIÓN?	Se llaman datos de investigación a los conocimientos factuales derivados de un proyecto de investigación; no se trata de bitácoras, análisis parciales de datos, borradores, comentarios de la revisión por pares o de colegas, o bien objetos físicos como especímenes o pruebas de laboratorio.

LA DIVULGACIÓN CIENTÍFICA

¿QUÉ ES LA DIVULGACIÓN DE LA CIENCIA?

Es verdad que los medios de comunicación social ejercen gran influencia sobre la población y que la ciencia se aprende cuando se producen datos empíricos por medio de experimentos que transforman la realidad. En las escuelas secundarias y preparatorias, por ejemplo, se estudia la biología, la química y la física además de la historia y la geografía. La forma de enseñarlas, empero, presenta limitaciones que sólo contribuyen a que no se comprenda que la ciencia es un componente esencial de la vida diaria, además de no estimular el desarrollo de vocaciones científicas.

Las innovaciones curriculares deben dirigirse hacia la utilización de información relacionada con la adopción de actitudes tendientes a la búsqueda de respuestas, así como al desarrollo de habilidades en los educandos.

Los textos de divulgación, en sus diferentes tipos: artículos, libros, documentales, no obstante, podrían ser medios de importancia.

La investigación científica se inicia con un problema surgido de la observación o del trabajo realizado por otros el cual es estudiado con métodos de investigación que se aplican para obtener evidencia relacionada con una hipótesis. Los resultados de esa investigación constituyen la literatura de la ciencia, la cual sólo va a ser accesible, debido a lógicas lingüística y matemática propias, a los miembros de las comunidades científicas. Es un hecho que la ciencia moldea nuestro mundo, bien sea que los científicos realicen investigación por el placer de realizarla, por el deseo de contribuir al conocimiento o por tener interés en la solución de problemas de relevancia social. La meta, no obstante, debe ser la comunicación de los resultados de su quehacer a los pares. Dicha meta queda incluida en una de las normas de la investigación científica. El desinterés del científico por ampliar las fronteras del conocimiento lo lleva a publicar artículos, revisiones bibliográficas, libros de texto y, ¿por qué no? también textos de divulgación científica acerca de su actividad y de la de otros y dirigirlos a estudiantes, profesionales o lectores fuera de esas categorías.

Si los científicos no comunican a otros lo que es la ciencia o no discuten sus implicaciones sobre la sociedad, no debe sorprender que la ciencia continúe siendo inaccesible para muchos, que el científico no sea digno de confianza o que no debe esperarse mucho de la ciencia.

Con los libros de divulgación los científicos acercan la ciencia a los científicos del mañana y a aquellos que tienen en sus manos la toma de decisiones.

El científico que escribe textos de divulgación tiene la oportunidad de interesar, informar y despertar vocaciones. De esta manera, la preparación de buenos libros de divulgación para los jóvenes es una de las tareas más importantes que los científicos tienen que desarrollar puesto que mientras más joven sea el grupo de edad al que se destinan los textos de divulgación más importante es su trabajo.

La calidad de un texto de divulgación dependerá del grado de planeamiento del mismo y de su legibilidad. Es obvio que los recursos de información que recomiende el autor aumentarán el valor de los textos.

REFERENCIAS:

Fayard P. La communication scientifique publique: de la vulgarisation a la médiatisation. Lyon : Chronique Sociale, 1988.

Merton RK. Social theory and social structure. New York : Free Press; 1957.

¿CUÁLES SON LAS DIFICULTADES MÁS FRECUENTES DE LA DIVULGACIÓN DE LA CIENCIA?

Está ampliamente aceptado que la divulgación de la ciencia no es una actividad trivial ni tampoco nueva y que su propósito es hacer accesible a los no expertos el conocimiento científico y tecnológico. Pese a que hoy en día se le considera necesaria porque el gran público requiere tener acceso a los conocimientos particulares del mundo, además de establecer los principios generales por medio de los cuales los fenómenos pueden ser explicados o predichos, la divulgación de la ciencia enfrenta innumerables obstáculos. Algunos de ellos son los siguientes: deficiente formación científica básica, insuficiente número de científicos dedicados a la comunicación de conocimiento científico hacia los legos, escasez de divulgadores científicos y de medios para lograr la divulgación, ya que por lo general la ciencia no es "noticia", así como limitaciones lingüísticas.

Si bien la lógica lingüistica de cada disciplina une a los miembros de la comunidad científica por medio de un lenguaje común, para que la ciencia se divulgue se requiere que las cuestiones científicas y tecnológicas se presenten en un lenguaje cuyas palabras no estén sueltas ni en un orden caprichoso, sino que respondan a determinadas normas de construcción, de variación y de concordancia que den secuencia a un contenido legible tanto para el que las emite como para el lego que las capta. En consecuencia, las fuentes principales para la divulgación de la ciencia y la tecnología necesitan del recurso anterior para cumplir con su cometido.

Los medios impresos tales como los periódicos tienen largos años de haber hecho su aparición; no obstante, es hasta fechas recientes que en México se han empezado a publicarse regularmente notas, artículos, reportajes, entrevistas, etc. sobre cuestiones científicas.

REFERENCIAS:

Sapp G. Science literature through popularization: problems and potential. Science & Technology Libraries 1992; 12: 43-57.

Zamarrón Garza G. La divulgación de la ciencia en México : una aproximación. México: Sociedad Mexicana de Divulgación de la Ciencia y Técnica; 1994.

¿QUÉ CANALES SE UTILIZAN PARA DIVULGAR LA CIENCIA?

Los canales utilizados en la divulgación son formales e informales y aun cuando los medios de comunicación social influyen notablemente en la población, en el primer grupo se incluyen las acciones tendientes hacia la formación científica básica. El salón de clase se constituye, de esta manera, en el principal canal formal por medio del cual los legos aprenden qué es la ciencia y la tecnología.

La enseñanza de la ciencia y la tecnología en las aulas es una tarea necesaria, importante, deseable y difícil. Sin embargo, no siempre destaca la relevancia histórica y social de la ciencia y la tecnología y no familiariza al educando con los conocimientos y la información científica y tecnológica.

Además de la educación formal, las fuentes principales de información sobre ciencia y tecnología provienen de los medios: periódicos, revistas populares, televisión, radio, libros y películas.

Los medios impresos tampoco son nuevos. Los libros de ciencia popular y las revistas tienen largo tiempo de haber hecho su aparición.

Cada uno de estos canales ha tenido su auge en los últimos años. Hay periódicos que llegan a publicar notas o incluyen secciones sobre temas científicos. Las revistas populares existen en algunos países.

Las fotobandas primero, las películas después y más tarde el video y los DVD también se han utilizado en la divulgación de la ciencia y los programas se han transmitido por canales comerciales y culturales abiertos y de paga. Internet ofrece, hoy en día, amplias posibilidades a la divulgación de la ciencia.

Las conferencias que popularizan la ciencia tienen largos años de haber hecho su aparición. En su organización y presentación han tomado parte activa las sociedades científicas y los científicos mismos que buscan llegar al público general.

Otros espacios como son los museos, planetarios y zoológicos se consideran espacios relevantes para la divulgación de la ciencia.

Lo anterior nos lleva a señalar que si bien el científico tiene la gran responsabilidad de practicar la comunicación científica, la responsabilidad social de participar en la divulgación de la ciencia escapa un buen número de veces de sus manos. De esta manera, el investigador está relacionado con dos grupos de público totalmente diferentes entre sí: los pares y los legos. Dos serían los lenguajes de comunicación: el especializado y el cotidiano.

Otros profesionales, entre los que se encuentran periodistas científicos, escritores de libros populares o productores de cine y televisión también han asumido la preparación de columnas periodísticas, redacción de guiones cinematográficos, entre otras actividades relacionadas con la divulgación científica.

Una correcta divulgación científica llevaría a un mejor entendimiento de los productos de la ciencia y la tecnología para:

- acelerar el desarrollo, y
- resistir los ataques de la información seudo-científica.

A muchos sorprende que el número de personas que cree en horóscopos, en el poder mágico de los cristales, en la iridiología, los zombies, los vampiros y los visitantes de otros mundos va en aumento. También, a la vigencia, en algunos países, de la enseñanza del creacionismo y la evolución recibe el calificativo de una teoría "sin prueba". Ante lo anterior, tienen que denunciarse los riesgos de la astrología, del sobrenaturalismo, del fundamentalismo religioso y otras ideas semejantes, dado que rechazan los métodos y procedimientos que caracterizan a la ciencia moderna.

Es obvio que la ciencia nos rodea. Es visible en nuestros hogares y en los sitios de trabajo. Está presente en nuestras actividades cotidianas, desde la salud y la nutrición hasta el deporte. Por tal motivo, la población necesita distinguir lo lógico de lo trivial, es decir, la divulgación de la ciencia, el antídoto contra el oscurantismo debe dirigirse, principalmente, a grupos de población de corta edad con el propósito de que los niños se familiaricen con el método científico, con su naturaleza y limitaciones, la historia de la ciencia y el papel social de ésta última. Se pretendería entonces que los niños aprendieran a través de la observación, explicación, experimentación, comunicación y aplicación, a través del estudio sistemático de la ciencia y no de la simple memorización de nombres y fechas, por ejemplo.

Parecería interesante conducir experiencias informales de aprendizaje, algunas de las cuales estarían a cargo de los padres de familia. La lectura, a practicar en el tiempo libre, y encauzada hacia la complementación del aprendizaje formal o hacia el estímulo de la curiosidad, está, sin embargo, sujeta a la gran influencia que los medios de comunicación social ejercen sobre los habitantes del país. La prensa -tabloide y de referencia- y las revistas populares podrían desempeñar un papel de importancia en la divulgación de la ciencia.

Las revistas populares que inundan los puestos de periódicos del país pueden agruparse por género, las de mujeres y las de hombres. Su presentación también se presta a formar categorías:

- Las económicas, impresas en papel barato, sin mucho colorido, y
- Las costosas, que aparecen en pesado papel couché y a varias tintas.

Sus lectores, empero, no sólo están caracterizados por su capacidad económica para adquirirlas sino también por su escolaridad.

Pero ¿es conveniente que se piense que puede haber divulgación de la ciencia en las revistas populares cuando parece que la práctica de la lectura por niños y jóvenes se encuentra en crisis?

El trabajo de mercadotecnia aclararía los siguientes aspectos:

- ¿existe alguna preferencia de lectura, según se trate de niños o niñas?
- ¿qué valor le dan los niños y las niñas a la lectura?
- ¿qué determina el gusto por la lectura?
- ¿qué papel desempeña la presentación de las lecturas?
- ¿quiénes coleccionan lecturas?

De acuerdo con lo anterior, la divulgación de la ciencia tendría que estar basada en las diferencias de intereses y habilidades entre niños y niñas. La alfabetización científica y tecnológica y el despertar vocaciones científicas serían dos de las metas de la utilización de las revistas como medio de divulgación.

Las consideraciones anteriores están relacionadas con la necesidad de iniciar en etapas tempranas la adquisición de conocimientos científicos en los procesos de aprendizaje conforme a los planteamientos de varios psicólogos del desarrollo del niño.

De esta manera, las destrezas y actitudes para acercarse a la ciencia y la tecnología colocarán al niño en condiciones para buscar, comprender, evaluar y tener acceso al conocimiento, nuevo y acumulado.

REFERENCIAS:

Ehrlich PR. Betrayal of science and reason: how anti-environmental rhetoric threatens our future. Washington, DC: Island Press; 1996.

Lewenstein BV. Introduction. En When science meets the public. Proceedings of a Workshop organized by the American Association for the Advancement of Science. Washington, DC: AAAS; 1992.

The public understanding of science. London: Royal Society; 1990?

¿CUÁL ES EL PAPEL DEL AUTOR Y DEL EDITOR DE TEXTOS DE DIVULGACIÓN CIENTÍFICA?

El autor debe contestar las siguientes preguntas antes de iniciar la preparación de textos de divulgación:

- Cuál es el propósito del trabajo.
- Cómo presentar el tema.
- Qué incluir.
- Qué ilustraciones seleccionar.
- Qué enfatizar.
- Cómo concluir.
- Qué tan pertinentes deben ser las fuentes de información.

Para los autores potenciales se sugiere considerar los siguientes aspectos:

- Titular el texto de tal manera que refleje su contenido.
- Describir el propósito y alcance del documento.
- Decidir lo que el lector necesita conocer.
- Identificar, si es posible, a los futuros lectores.

- Enfatizar los aspectos que lo requieran.
- Desarrollar el tema en forma lógica.
- Equilibrar el contenido.
- Evitar faltantes.
- Cuidar la legibilidad del texto.
- Cubrir las expectativas del lector.

En virtud de lo anterior, los autores tendrían que formularse las siguientes preguntas en relación con las fuentes de información para ampliar el o los temas expuestos:

- ¿Requiere el lector de información adicional?
- ¿Qué tanta información se le tiene que ofrecer?
- ¿Cuáles son los elementos bibliográficos que permitirían la localización de las lecturas?
- ¿Dónde las puede obtener?

Tratándose de divulgación de la ciencia no debe haber una inundación de información, sin embargo, el lego debe recibir lo relevante y lo vigente, no lo irrelevante y desactualizado. A los editores de textos de divulgación se sugiere que observen lo que se indica enseguida:

- ¿Cuál es la reputación del autor en cuanto a la calidad de su trabajo y de sus documentos publicados?
- ¿El autor está comunicando los resultados de su experiencia, de su investigación o los trabajos de otros?
- ¿Cuál es la calidad del apoyo bibliográfico que le sugiere al lector?

¿CÓMO DEBE LEERSE UN TEXTO DE DIVULGACIÓN CIENTÍFICA?

El lector al leer un texto de divulgación tiene que tener en cuenta lo siguiente:

¿Qué dice el texto?
¿Son correctos los supuestos que se plantean?
¿Qué consecuencias tiene el trabajo?
¿Dónde ampliar el tema desarrollado en el texto?

EVALUACIÓN PROSPECTIVA

¿EN QUÉ CONSISTE LA EVALUACIÓN PROSPECTIVA?	La evaluación prospectiva, es decir, la evaluación a futuro, también llamada *ex ante*, consiste en la evaluación de: • Protocolos de investigación • Solicitudes de ingreso • Solicitudes de becas • Fondos adicionales • Manuscritos

¿EN QUÉ CONSISTE EL SISTEMA DE ARBITRAJE DE LA CIENCIA?	El sistema de arbitraje en la ciencia comprende el uso sistemático de revisores, árbitros, pares o jueces para validar la aceptación de protocolos o de manuscritos enviados a publicación. El revisor es así un ejemplo de juez encargado de evaluar la calidad en un sistema social. La existencia de expertos a cargo de la validación de los resultados de investigación, en consecuencia, parece indispensable si es que se va a publicar información nueva, importante y válida.

REFERENCIA:
Zuckerman H, Merton RK. Patterns of evaluation in science: institutionalisation, structure and functions of the referee system. Minerva; 1971; 9: 66-100.

¿CUÁLES SON LOS ORÍGENES DE LA REVISIÓN POR PARES?

La práctica de revisar los manuscritos antes de su publicación no es reciente. Tiene sus raíces en el siglo XVII cuando las *Philosophical Transactions* fueron autorizadas por la Royal Society en los siguientes términos: "Se ordena que Philosophical Transactions, compuestas por el Sr. Oldenburg, se impriman el primer lunes de cada mes, si hay suficiente material para ello, y que la publicación sea autorizada por el Consejo de la Sociedad, siendo revisado primero por alguno de los miembros de la misma . . . ". En México, uno de los integrantes del comité de redacción de los *Anales de la Asociación Larrey*, Manuel S. Soriano, apuntaba ya en 1875 que "los trabajos serían escogidos y de actualidad. . ."

El sistema de revisión no ha sido sustituido todavía debido a que mantiene los estándares que la ciencia requiere, es decir, es un atributo de la buena ciencia; la publicación de artículos científicos no está constreñida. Un artículo en una revista de prestigio no representa simplemente las opiniones de su autor, sino que lleva el *imprimatur* de autenticidad dado por el editor y los revisores consultados. El revisor es la pieza clave alrededor de la cual gira la ciencia.

La evaluación de manuscritos realizada para los editores por los integrantes del consejo editorial o bien ajenos a él tiene como función la selección de los mejores manuscritos enviados a publicación. En teoría, los revisores tienen la capacidad, por su experiencia, habilidad y por merecer el respeto de la comunidad científica de la especialidad para realizar tal labor. Para el revisor, el arbitraje rara vez trae consigo remuneración adicional, sin embargo, la recompensa puede tomar la forma de un ascenso o de la definitividad en el puesto.

En áreas de investigación de gran actividad, donde el número de manuscritos enviados a publicación es elevado y por tanto la tasa de rechazo también lo es, los criterios de revisión estrictos ubican al revisor en una posición estratégica dentro de la estructura social del área.

REFERENCIAS:

Miller AC, Serzan SL. Criteria for identifying a refereed journal. Journal of Higher Education 1984; 55: 673-699.

Soriano MS. [Presentación] Anales de la Asociación Larrey 1875; 1:1.
Weld CR. History of the Royal Society. London; 1848. v. 1, p. 177.

Ziman JM. Public knowledge: the social dimension of science. Cambridge: Cambridge University Press; 1966.

Zsindley S, Schubert A, Braun T. Editorial gatekeeping patterns in international science journals. Scientometrics 1982; 4: 57-68.

¿EN QUÉ CONSISTE EL PROCESO DE ARBITRAJE?

Los objetivos de las revistas los determinan los consejos editoriales con el fin de que los editores se adecuen a sus lineamientos. Las políticas editoriales establecidas por el editor deben estar en concordancia con los objetivos. Las políticas deben definirse en función de los autores y de los lectores, lo cual supone la existencia de un grupo o equipo editorial. Es el editor, algunas veces llamado editor en jefe quien determina cómo tiene que funcionar dicho equipo. En algunos casos, el editor es el único enlace entre los autores y los correctores. En otros, los editores asociados (o editores de sección) son los que tienen la única responsabilidad en el procesamiento de los manuscritos. Las formas de organización editorial antes mencionadas presentan ventajas y desventajas. La primera tiende hacia una mayor uniformidad en la aceptación o rechazo de manuscritos; la desventaja radica en que hay una carga de trabajo excesiva para el editor. En la segunda forma, la carga de trabajo se divide entre varias personas, sin embargo, los criterios de aceptación son variables.

Después de una revisión de forma, el editor turna a uno o más conocedores del objeto de investigación la revisión de fondo del manuscrito. El o los revisores deben dar respuesta a las siguientes preguntas: originalidad del trabajo, validez de los métodos utilizados para generar datos sobre los cuales se originaron las conclusiones. Los revisores usualmente trabajan con lineamientos establecidos, además de preparar un informe anónimo para enviarlo al autor, así como notas confidenciales para el editor. Es importante enfatizar, sin embargo, que los informes de los revisores no son definitivos, es decir, el editor no tiene que seguirlos forzosamente. Las decisiones editoriales siguen la política editorial, los informes de los revisores, el propio juicio del editor, la cantidad de manuscritos pendientes y el volumen de la revista, pero dado que sólo un número pequeño de manuscritos se aceptan o rechazan casi al momento de recibirlos, el juicio del editor tiene una influencia definitiva en el avance o estancamiento de una área del conocimiento.

| ¿QUÉ ES EL COMITÉ EDITORIAL? | Es el máximo órgano de dirección de una revista |

¿CÓMO SE INTEGRAN LOS COMITÉS EDITORIALES?	Los comités editoriales generalmente están integrados por un editor en jefe o director, así como un número indeterminado de expertos en la especialidad de la revista.

¿PUEDE REPRESENTARSE EL FLUJO DE REVISIÓN DE MANUSCRITOS?	Sí, obsérvelo a continuación:

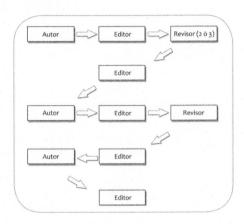

El revisor tiene una doble responsabilidad, según se observa del esquema anterior, con la revista y con el autor. Sin embargo, la responsabilidad con la revista depende en gran parte de lo que ésta requiera del revisor y lo que él entienda debe ser su función.

¿CUÁLES SON LAS FUNCIONES DE LOS REVISORES?	Las funciones de los revisores son las siguientes: • Juzgar la calidad del manuscrito. • Servir de árbitro en la prioridad o la innovación al comparar el manuscrito con información ya publicada.

	• Recomendar cambios o reducción de la extensión del artículo. • Mantener los estándares de calidad de la revista y de la disciplina o subdisciplina.

| ¿QUÉ TAN IMPARCIAL ES LA REVISIÓN POR PARES? | Existen tres posibilidades de que el proceso de revisión sea imparcial, las cuales se adoptan de acuerdo con el campo científico de que se trate y las políticas de las publicaciones:

• Revisión doble ciego
  • los autores no saben quién los evalúa, ni los revisores conocen a quien están evaluando.
• Revisión ciega
  • La identidad de los autores la conocen los revisores, pero los primeros no saben quiénes son los revisores.
• Revisión abierta
  • Los nombres de los autores y de los revisores son conocidos por ambos.
  • Las revisiones firmadas se dan a conocer a los autores.
  • Los preimpresos se dan a conocer a través de un sitio web con el fin de que lectores interesados envíen sus comentarios. |

REFERENCIAS:
Chubin DR, Hackett EJ. Peerless science, peer review and U.S. science policy. New York: State University of New York; 1990.

Horrobin D. Something rotten at the core of science? Trends in Pharmacological Sciences 2001; 22: 51-52.

Peer review: a guide for researchers. [s.l] Research Information Network; 2010.

¿CÓMO SE EVALÚAN LOS PROTOCOLOS DE INVESTIGACIÓN?

Las instituciones académicas o de investigación establecen sus propios criterios de evaluación, pero los más generalizados son los siguientes, sin embargo, pregunte a su profesor, si usted es estudiante, las características que debe reunir su protocolo:

- En relación con el objeto de estudio:
  - Importancia de la investigación
  - Grado de conocimiento del interesado en el objeto de estudio

- Logro académico:
  - Originalidad: el problema de investigación está bien definido; la descripción de los métodos, técnicas, equipo, sujetos de estudio que se usarán están bien establecidos, de qué manera se busca contribuir al conocimiento.
  - Enfoque: el interesado tiene la formación y el interés para relacionar el objeto de estudio con la teoría existente aparecida en publicaciones prestigiosas; la o las hipótesis están relacionadas con el problema, así como los métodos y los resultados que se esperan obtener.
  - El diseño de la investigación es adecuado y congruente con el problema de investigación, la o las hipótesis, los métodos y técnicas así como el análisis.

- Debe ser evidente que el autor del protocolo relacionó las fuentes de información con el estudio que desea emprender.

- Presentación:
  - El manuscrito debe estar bien escrito, sin faltas de ortografía
  - El protocolo está estructurado de acuerdo con los lineamientos establecidos.
  - En los anexos incluye cuestionarios, guía de entrevista, etcétera.

¿DEBEN AUTOEVALUARSE LAS TESIS?	Sí. Se recomienda que todo tesista evalúe su trabajo escrito antes de someterlo a consideración de la institución. A continuación transcribimos la lista elaborada por Bell al respecto: • ¿Hay claridad en la tesis o tiene algunos pasajes oscuros? • ¿Está bien escrita la tesis? ¿se revisaron los tiempos verbales, la ortografía, la puntuación y eliminó el lenguaje cotidiano? • ¿Están bien redactadas las referencias? ¿Hay omisiones? • ¿El resumen da una idea clara de lo que hay en la tesis? • ¿El título indica la naturaleza del estudio? • ¿Los objetivos de la investigación se hicieron explícitos? • ¿Se cubrieron los objetivos de la investigación? • Si se formularon hipótesis ¿éstas se comprobaron?

- ¿La revisión bibliográfica se hizo cuidadosamente?
- ¿La revisión bibliográfica revela el estado en que se encuentra el objeto de estudio?
- ¿Están todos los conceptos bien definidos?
- ¿Estuvieron bien descritos los métodos? ¿Fueron los más adecuados? ¿Por qué se seleccionaron?
- ¿Existe alguna limitación?
- ¿Los resultados están analizados o sólo descritos?
- ¿Se recurrió a alguna técnica estadística? Si así fue ¿era la más apropiada?
- ¿Los resultados están claramente presentados? ¿Los cuadros, ilustraciones, diagramas, etc. están bien elaborados?
- ¿Las conclusiones están basadas en la evidencia?
- ¿Hay sesgos?
- ¿Los resultados son confiables? ¿El estudio se puede reproducir?
- ¿Las recomendaciones son realizables?
- ¿Los anexos incluidos son suficientes?

- Si fuera el profesor ¿aprobaría o rechazaría la tesis?

REFERENCIA:

Bell J. Doing your research project: a guide for first-time researchers in education and social science. 4 ed. Buckingham: Open University; 2005.

¿QUÈ CRITERIOS DEBEN SATISFACER LAS TESIS O TESINAS?	Las tesis o tesinas deben satisfacer los siguientes criterios:

NIVEL	CRITERIOS
Licenciatura y algu-nos programas de maestría	1. Estudio bien estructurado y prueba convincente de un estudio, la resolución de un problema o los resultados de una investigación empírica.
Maestría	1. Exposición ordenada, crítica y razonada de conocimiento obtenido por medio de los esfuerzos del estudiante.
	2. Muestra de que el candidato conoce la literatura sobre el tema.
Maestría (por in-vestigación)	1. Evidencia de investigación original.
	2. Competencia para realizar investigación independiente.
	3. Claridad en cuanto a las técnicas de investigación utilizadas.
	4. Habilidad para hacer uso crítico de la literatura.
	5. Habilidad para relacionar el objeto de estudio con un área más amplia del conocimiento.
	6. Con valía para publicarse
Doctorado	1-6 de los criterios para las tesis de maestría por investigación.

		7. Originalidad con base en el objeto de estudio seleccionado o los métodos utilizados.
		8. Contribución al conocimiento.

REFERENCIA:
Sharp JA, Peters J, Howard K. The mangement of a student research project. 3 ed. Aldershot, Hants : Gower; 2002.

¿QUÉ CRITERIOS SE SIGUEN PARA EVALUAR LOS ARTÍCULOS CIENTÍFICOS?

Los revisores evalúan los manuscritos de acuerdo con los siguientes lineamientos: Puntos a evaluar:

- El resumen:
  - Objetivo o hipótesis claro.
  - Métodos pertinentes para la consecución del objetivo.
  - Resultados creíbles.
  - Conclusiones basadas en los resultados.
  - Impresión general de que el estudio es interesante, valioso e importante.

- La introducción
  - Identificación del hueco que viene a llenar la investigación.
  - Sinopsis razonable de la orientación que se dio a la investigación.

- Los métodos
  - Descripción clara de cómo se abordó el problema.
  - Técnicas actualizadas.
  - Análisis estadístico pertinente.

- Los resultados
    - Claridad en la presentación.

- La discusión
    - Discusión de los resultados.

En resumen, los aspectos a analizar y calificar cuando se evalúan artículos científicos son los siguientes:

- Pertinencia del tema para la revista
- Originalidad
- Aportación al campo de estudio
- Claridad de expresión
- Métodos idóneos
- Conclusiones y resultados valiosos
- Aparato crítico relevante y pertinente

REFERENCIA:
Curtis MJ, Shattock MJ. The role of the manuscript assessor. En: How to write a paper. London: BMA; 1994.

¿POR QUÉ SE RECHAZAN LOS ARTÍCULOS CIENTÍFICOS?

Algunas de las causas por las cuales se rechazan los artículos científicos son las siguientes:

- Resultados sin relevancia.
- Textos ilegibles.
- Falta de originalidad.
- Errores comprobables.
- Fuentes de información irrelevantes y desactualizadas.

EVALUACIÓN RETROSPECTIVA

¿A QUÉ SE LE LLAMA EVALUACIÓN RETROSPECTIVA?	La evaluación retrospectiva comprende la evaluación tanto de personas como de instituciones e incluye los siguientes rubros: • Promociones • Definitividades • Asignación de estímulos • Proyectos de investigación • Programas • Instituciones En la evaluación se incluyen los siguientes tipos de documentos productos del quehacer científico: • Libros • Capítulos de libros • Prólogos (si hay aportación) • Introducciones (si hay aportación) • Anotaciones (si hay aportación) • Artículos de revistas • Patentes • Cartas • Editoriales También pueden evaluarse: • Los desarrollos tecnológicos • Los proyectos arquitectónicos • Las creaciones artísticas
¿ES POSIBLE DETERMINAR DE ANTEMANO CÓMO DEBE EVALUARSE A LOS CIENTÍFICOS?	Frecuentemente las instituciones tienen establecidos baremos para evaluar a los científicos, a saber: • Prestigio de la revista en la que publicaron: si la institución tiene agrupados títulos de revistas de acuerdo con una medida de posición, por ejemplo cuartiles, podrá pedir

- que *n* artículos de un investigador hubiesen aparecido en revistas de:

  - Impacto alto, es decir, las revistas ubicadas en el primer cuartil.
  - Impacto medio, o sea las revistas que se localizan en el segundo y tercer cuartiles.
  - Impacto bajo, donde aparecen las revistas correspondientes al cuarto cuartil.

o bien en

  - Revistas en los índices de citas de Thomson Reuters o en Scopus
  - Google Scholar
  - Revistas internacionales
  - Revistas de reconocida valía
  - Revistas nacionales y extranjeras incluidas en índices bibliográficos y bases de datos
  - Número de publicaciones de acuerdo con la disciplina de que se trate.

Los baremos de las humanidades y las ciencias sociales son diferentes de los de las ciencias exactas y naturales. Por ejemplo, en las primeras se toman en cuenta los libros de investigación publicados con difusión internacional, los capítulos de libros y las participaciones en congresos. Por tanto, es pertinente discutir que lo que importa es la calidad de la investigación y menos la publicación.

¿QUÉ ES LA BIBLIOMETRÍA?   Posiblemente una de las primeras definiciones de bibliometría es la siguiente: ". . . es la aplicación de métodos estadísticos y matemáticos a los libros y otras formas de comunicación".

También se dice que es una serie de técnicas que buscan cuantificar el proceso de comunicación escrita. Sin embargo, hoy en día su uso se relaciona con la evaluación de la investigación científica dado que esta se publica para ser leída y citada por los colegas.

REFERENCIAS:
Ikpaahindi L. An overview of bibliometrics: its measurements, laws and their applications. Libri 1985; 35: 163-177.

Pritchard A. Statistical bibliography or bibliometrics. Journal of Documentation 1969; 25: 348-349.

Rehn C, Kronman U. Bibliometric handbook for Karolinska Institutet. Stokholm; Karolinska Institutet; 2008.

¿QUÉ ES LA BIBLIOMETRÍA VALORATIVA?   Es aquella que se refiere a la cuantificación de los aspectos cualitativos del sistema científico.

REFERENCIA:
Leewen TN van. Second generation bibliometric indicators: the improvement of existing and development of new bibliometric indicators for research and journal performance assessment procedures. Tesis. PhD. Leiden: Leiden University; 2004.

| ¿QUÉ MIDEN LOS ANÁLISIS BIBLIOMÉTRICOS? | Los análisis bibliométricos sirven para construir indicadores de actividad científica –cuantitativos- y de desempeño. Asimismo, para medir el grado de relación que existe entre científicos, instituciones, países o disciplinas. Sin embargo, se ha alertado sobre el problema de la evaluación científica: se privilegian los datos y no el juicio dado que en ocasiones los estudios bibliométricos no se realizan correctamente. Por ello, se ha publicado el llamado Leiden Manifesto que tiene como propósito servir de guía para la evluación científica. |

REFERENCIA:

Hicks D, Wouters P, Waltman L, De Rijcke S, Rafols I. The Leiden Manifesto for research metrics. Nature 2015; 520 (23 April): 429-430.

Rehn C, Kronman U. Bibliometric handbook for Karolinska Institutet. Stokholm: Karolinska Institutet; 2008.

| ¿QUÉ SON LOS INDICADORES BIBLIOMÉTRICOS? | Son aquellos que resultan de los análisis bibliométricos. |

REFERENCIA:

Rehn C, Kronman U. Bibliometric handbook for Karolinska Institutet. Stokholm; Karolinska Institutet; 2008.

¿EN QUÉ CONSISTEN LOS INDICADORES PARCIALES CONVERGENTES?	En la combinación de indicadores bibliométricos e indicadores obtenidos a través de los pares, especialmente cuando se trata de evaluar la calidad científica de un proyecto de investigación o de un científico.

REFERENCIA:
Institute of Electrical and Electronics Engineers. Appropiate use of bibliometric indicators for the assessment of journals, research proposals, and individuals. Disponible: http://www.ieee.org/publications_standards/publications/rights/ieee_bibliometric_statement_sept_2013.pdf

¿QUÉ TIPO DE DOCUMENTOS SE INCLUYEN EN LOS ESTUDIOS BIBLIOMÉTRICOS?	Los documentos que se toman en cuenta para los estudios bibliométricos son los siguientes puesto que son los que incluyen información científica de relevancia: • Artículos • Artículos de revisión • Cartas • Notas

REFERENCIAS:
Glänzel W. Bibliometrics as a research field: a course on theory and application of bibliometric indicators; 2003.

Rehn C, Kronman U. Bibliometric handbook for Karolinska Institutet. Stokholm; Karolinska Institutet; 2008.

¿QUÉ TIPO DE DOCUMENTOS NO SE INCLUYEN EN LOS ESTUDIOS BIBLIOMÉTRICOS?	En los estudios bibliométricos no se incluyen los siguientes tipos de documentos: • Ponencias presentadas en reuniones científicas • Correciones • Erratas • Retractaciones • Reseñas de libros • Material editorial

REFERENCIAS:
Glänzel W. Bibliometrics as a research field: a course on theory and application of bibliometric indicators; 2003.

Rehn C, Kronman U. Bibliometric handbook for Karolinska Institutet. Stokholm; Karolinska Institutet; 2008.

¿DEBEN LOS ESTUDIOS BIBLIOMÉTRICOS PARTIR DE UNA UNIDAD DE ANÁLISIS?	Sí, y estas pueden ser las siguientes: • Autor(es) • Grupo(s) de investigación • Departamento(s) • Centro(s) de investigación • Universidad • País

REFERENCIA:
Rehn C, Kronman U. Bibliometric handbook for Karolinska Institutet. Stokholm; Karolinska Institutet; 2008.

¿PUEDEN LOS ESTUDIOS BIBLIOMÉTRICOS REALIZARSE DE ACUERDO CON LAS CARACTERÍSTICAS PROPIAS DE LOS ARTÍCULOS CIENTÍFICOS?	Sí, una unidad de análisis puede estar constituida por las características propias de los artículos científicos, a saber: • Artículos científicos. • Revista o revistas. • Disciplina o disciplinas científicas en que se encuentra clasificado el título de una revista. • Tipología documental: artículo, artículo de revisión, nota o carta. • Año de publicación.

REFERENCIA:
Rehn C, Kronman U. Bibliometric handbook for Karolinska Institutet. Stokholm; Karolinska Institutet; 2008.

¿ES CORRECTO HACER COMPARACIONES CUANDO SE HACEN ESTUDIOS BIBLIOMÉTRICOS?	Las comparaciones se hacen entre los mismos campos del conocimiento, documentos publicados en periodos de tiempo semejante o por instituciones del mismo tipo.

REFERENCIA:
Pendlebury D. White paper: using bibliometrics in evaluating research. Philadelphia, PA: Thomson Reuters; 2008.

¿SE EVALÚAN DE LA MISMA MANERA LAS CIENCIAS DURAS, LAS CIENCIAS SOCIALES Y LAS HUMANIDADES?

La cobertura de disciplinas de las ciencias sociales y las humanidades en los índices de citas Thomson Reuters o *Scopus* es limitada dado que indiza, principalmente, artículos aparecidos en revistas de países de habla inglesa y pertenecientes a las ciencias duras. Por tanto, tienen que buscarse alternativas confiables. Si se trata de libros, éstos se pueden localizar –en un buen número de casos- a través de los catálogos de las grandes bibliotecas como la Library of Congress, las bibliotecas nacionales o universitarias de diferentes países. Aún más, el WorldCat es el catálogo que dispone del mayor número de registros correspondientes a libros publicados en todo el orbe. Si se buscan las citas a libros, el Book Citation Index, de la compañía Thomson Reuters, es una fuente de gran importancia.

En relación con lo anterior Hicks señala que en las ciencias sociales y las humanidades los productos científicos pueden publicarse en revistas de la vertiente principal, en revistas nacionales y en libros, así como en publicaciones no especializadas.

REFERENCIAS:

Hicks D. The fourth literatures of social science. En Handbook of quantitative science and technology research. Dordrecht: Kluwer Academic; 2004. p. 473-496.

Robinson-García, Jiménez-Contreras E, Fuente-Gutiérrez E, Torres-Salinas D- Bipublishers: Bibliometric infocators for publishers. Disponible: www.bipublishers.es

¿QUÉ SON LAS ALTMÉTRICAS O MÉTRICAS ALTERNATIVAS?	Son las mediciones de la influencia de la investigación científica en la web social y complementan otras medidas tales como las bibliométricas; miden los comentarios en blogs o en tweets, consultas o descargas de la Ciencia 2.0, es decir, los monitores del quehacer científico, entre ellos, Mendeley, ResearchGate, CiteULike y Google Scholar.

REFERENCIAS:

Adie E. Taking the alternative mainstream. El Profesional de la Información 2014; 23: 349-351.

Altmetrics: a manifestó. Disponible: http://altmetrics.org/manifesto/

Borrego A. Altmétricas para la evaluación de la investigación y el análisis de necesidades de información. El Profesional de la Información 2014; 23: 352-357.

Priem J. Almetrics. En Beyond bibliometrics: harnessing multidimensional indicators of scholarly impact. London: MIT Press; 2014. p. 263-288.

¿QUÉ ES UNA REFERENCIA?	Es el conjunto de elementos bibliográficos citados en un documento bien sea a pie de página, en notas o en una lista de referencias.

REFERENCIA:

Diodato V. Dictionary of bibliometrics. New York: Hawthorne Press; 1994.

¿EN QUÉ CONSISTEN LOS ANÁLISIS DE LAS REFERENCIAS BIBLIOGRÁFICAS?

En los resultados obtenidos del estudio de los siguientes elementos incluidos en las referencias:

- Año de publicación.
- Título de revista: Cell; Journal of Documentation.
- Autoría individual o colectiva.
- Adscripción institucional de los autores: UAM; UNAM.
- País de origen de la investigación: Japón; Corea; India.
- Palabras clave, descriptores o disciplina: biología molecular y bioquímica; bazo; inmunología; bibliometría; educación superior; riñón; CA.
- Documentos citados.
- Citas simultáneas.

REFERENCIA:
Rehn C, Kronman U. Bibliometric handbook for Karolinska Institutet. Stokholm; Karolinska Institutet; 2008.

¿ES POSIBLE HACER ANÁLISIS BIBLIOMÉTRICOS SOBRE LA PARTICIPACIÓN DE LA MUJER EN LA CIENCIA?

Sí, aun cuando hay dificultades para ello, es decir, si se quiere estudiar la cantidad y calidad de la investigación realizada por mujeres, por ejemplo, no siempre se puede distinguir en la autoría si se trata de un hombre o de una mujer porque en algunos países no existen propiamente los apellidos sino que al nombre del padre se le agrega la designación "hija" o "hijo": "-dottir" para mujeres y "–ason", "-son", o "–sson" para hombres, o bien, al apellido del padre se le agrega la designación correspondiente a hija de o esposa de: "Tsaneva", hija de Tsanev; "Pavlova", hija de Pavlov; "Ivanova", hija de Ivan. Aún más, algunas mujeres pierden su propio apellido con el matrimonio: Dorothy Crawford Hodgkin o Marie Curie, nacida Maria Sklodowska. De esta manera podemos decir que las mujeres pueden ser invisibles en el entorno científico puesto que se les oculta y mantiene en un segundo plano. También, las políticas editoriales de revistas y bases de datos no permiten identificar el trabajo realizado por mujeres al utilizar sólo iniciales de los nombres de pila de autoras y autores, es decir, se trata de criterios en los que priva lo impersonal y donde, al mismo tiempo, se tiende a establecer una cierta distancia entre los dos sexos.

REFERENCIAS:

Lewison G. The quantity and quality of female researchers: A bibliometric study of Iceland. Scientometrics 2001; 52: 29-43.

Rossiter MW. The Matthew Matilda Effect in science. Social Studies of Science 1993; 23: 325-341.

Storer NW. The hard sciences and the soft.: some sociological observations. Bulletin of the Medical Library Association 1967; 55: 75-84.

¿QUÉ ES UNA CITA?

Es la mención de un documento –sus elementos bibliográficos- en el texto, al pie de página, en notas o en una lista de referencias.

REFERENCIA:

Diodato V. Dictionary of bibliometrics. New York: Hawthorne Press; 1994.

¿POR QUÉ SE CITA A OTROS AUTORES?

Varios autores han estudiado los motivos que llevan a un autor a citar a otro. Weinstock identifica los siguientes:

- Rendir tributo a precursores.
- Dar crédito a investigaciones relacionadas con el propio trabajo.
- Identificar métodos, equipo, etcétera.
- Presentar los antecedentes.
- Corregir el propio trabajo.
- Corregir el trabajo de otros.
- Criticar trabajos previos.
- Apoyar reclamaciones.
- Alertar acerca de próximas investigaciones.
- Dar a conocer trabajos mal distribuidos e indizados así como no citados.
- Autenticar datos.
- Identificar publicaciones originales.
- Identificar publicaciones que describan, por ejemplo, epónimos.
- Disputar el trabajo o los resultados de otros.
- Disputar prioridades.

Si bien, hay que recordar que Alfonso Reyes escribió que "No se debe citar para ennoblecerse con la cita, sino para ennoblecerla. Las citas que nos ennoblece, o cita oratoria, quiebra el eje de la atención, opacando nuestras propias palabras. El texto citado debe ser tan humilde que parezca agradecido de nuestra elección; y cuando ello sea posible sin incurrir en el equívoco, debe cobrar un nuevo matiz o nuevo alcance."

REFERENCIAS:

Reyes A. De las citas. En Obras completas. México: Fondo de Cultura Económica; 1956.v. 3, p. 97-99.

Weinstock M. Citation indexes. Encyclopedia of Library and Information Science; 1971. v. 5, p. 16-41.

¿CÓMO SE CLASIFICAN LAS CITAS?	Los estudios dirigidos a identificar en qué contexto se cita, no son concluyentes, sin embargo, a continuación se presenta la clasificación de las citas elaborada por Moravcsik & Murugesan: • Conceptuales u operativas • Evolutivas o yuxtapuestas • Orgánicas o superficiales • Confirmativas o negativas

REFERENCIA:
Moravcsik MJ, Murugesan P. Some results on the function and quality of citations. Social Studies of Science 1975; 5:86-92.

¿EN QUÉ CONSISTEN LOS ANÁLISIS DE CITAS?	Consisten en estudiar, no simplemente acopiar, las citas recibidas por uno o varios países, instituciones, grupos de investigación, disciplinas o individuos e interpretarlas tomando en cuenta diversos factores como financiamiento a la investigación, capital humano disponible, infraestructura y relación con problemas sociales, entre otros. Las citas incluidas en esos análisis corresponden al número de veces que un científico o un artículo fueron citados por otros. Sin embargo, es conveniente tomar en cuenta ciertos aspectos cuando se hable de análisis de citas o simplemente de acopio de citas: • Las citas a un autor o a un artículo muestran el grado de interés que ha despertado entre la comunidad científica.

- No es posible que puedan compararse entre sí disciplinas dado que unas pueden estar mejor financiadas, tener mayor número de científicos trabajando en ellas o ser una disciplina con larga tradición. Tampoco es posible comparar a científicos en virtud de que algunos pueden ser investigadores consolidados y otros noveles.

- Tiene que advertirse que los artículos se escriben, en la mayoría de las disciplinas, en coautoría; en algunas, el número de autores es elevado, por lo que es posible dividir las citas recibidas entre el número de autores de un documento. Si el número de autores es razonable, la fracción no es problemática, pero a medida que aumenta el número de firmas la fracción se complica, por ejemplo, en 2006, más de 100 artículos tuvieron 500 coautores y un artículo en física reunió 2,512.

| ¿EXISTEN REGLAS PARA REALIZAR ANÁLISIS DE CITAS BASADOS EN LAS PUBLICACIONES? | Pendlebury elaboró las siguientes reglas:

• Considerar si los datos disponibles responden a la pregunta formulada.
• Seleccionar los tipos de documentos, definición de campos y periodo de estudio.
• Decidir si se va a fraccionar la cuantificación.
• Juzgar si los datos necesitan editarse para descartar lo innecesario.
• Comparar entre semejantes.
• Usar medidas relativas, no solo las absolutas. |

- Obtener múltiples mediciones.
- Reconocer la naturaleza asimétrica de los datos relacionados con las citas.
- Confirmar que los datos acopiados sean de relevancia a la pregunta.
- Preguntar si los resultados obtenidos son razonables.

REFERENCIA:
Pendlebury D. White paper: using bibliometrics in evaluating research. Philadelphia, PA: Thomson Reuters; 2008.

¿QUÉ FACTORES SE RELACIONAN CON EL NÚMERO DE CITAS RECIBIDAS?	Los siguientes factores se relacionan con el número de citas que reciben las publicaciones:

Los siguientes factores se relacionan con el número de citas que reciben las publicaciones:

- La disciplina: algunas disciplinas son más citadas que otras.
- La fecha de publicación: los artículos pueden acumular un mayor número de citas conforme transcurre el tiempo.
- El prestigio tanto de autores como de las revistas en que aparecen los artículos: un autor reconocido, así como una revista prestigiosa tienden a ser más citados.
- El tipo de documento: los artículos de revisión o metodológicos.
- El periodo de estudio.

REFERENCIAS:
Glänzel W. Bibliometrics as a research field: a course on theory and application of bibliometric indicators; 2003.

Rehn C, Kronman U. Bibliometric handbook for Karolinska Institutet. Stokholm; Karolinska Institutet; 2008.

¿QUÉ FACTORES AFECTAN EL NÚMERO DE CITAS QUE RECIBE UN ARTÍCULO?

Los siguientes factores intervienen en el número de citas que recibe un artículo:

- El Efecto Mendel también llamado de la Bella Durmiente: se presenta cuando un artículo que no ha recibido atención durante un largo periodo de tiempo es descubierto y, al reconocer su valor, comienza a ser citado.
- La obliteración por incorporación al conocimiento público: se da cuando un artículo ha sido tan utilizado que pasa a formar parte del conocimiento público y por tanto deja de ser citado.

REFERENCIAS:
Glänzel W. Bibliometrics as a research field: a course on theory and application of bibliometric indicators; 2003.

Rehn C, Kronman U. Bibliometric handbook for Karolinska Institutet. Stokholm; Karolinska Institutet; 2008.

¿EXISTE UNA RELACIÓN ENTRE LA DISCIPLINA Y EL NÚMERO DE CITAS?

Se puede decir que cada disciplina tiene su propia tradición en cuanto al número de citas que los integrantes de su comunidad incluyen en los artículos científicos. Por tanto, el número de citas en una disciplina es diferente al de otra u otras.

REFERENCIA:
Garfield E. Citation indexing-its theory and application in science, technology, and humanities. New York: Wiley; 1979.

¿CUÁLES SON LOS ARTÍCULOS CLÁSICOS?	Los artículos que llegan a llamarse clásicos son aquellos que han recibido más de 500 citas de acuerdo con los índices de Thomson Reuters.

REFERENCIA:
Garfield E. Introducing citation classics: the human side of scientific reports. Essays of an Information Scientist 1980; 3: 1-2.

¿ES POSIBLE QUE HAYA TRABAJOS QUE NUNCA HAN RECIBIDO CITAS O QUE SEAN ESCASAMENTE CITADOS?	Los artículos que, de acuerdo con los índices de citas, no han recibido cita alguna cinco años después de su publicación quedan incluidos en la categoría de artículos no citados. Sin embargo, los científicos no deben ver la falta de citas como algo vergonzoso o algo que apene puesto que hay disciplinas más citadas que otras. Las disciplinas correspondientes a las ciencias duras son más citadas que las de las ciencias sociales o las artes y las humanidades. La publicación en revistas de gran prestigio tiene más posibilidades de recibir citas que cuando aparece en revistas de bajo factor de impacto, pero no una garantía. También es conveniente mencionar que el número de citas que se reciben tienden a disminuir conforme pasa el tiempo.

REFERENCIAS:
Bornmann L, Leydesdorff L, Wang J. How to improve the prediction based on citation impact percentiles for years shortly after the publication date? Journal of Informetrics 2014; 8: 175-180.

Garfield E. To be an uncited scientist is no cause for shame. The Scientist 1991; 5 (6): 12.

¿QUE EFECTO TIENEN LAS AUTOCITAS Y LAS CITAS NEGATIVAS?

Se considera que las citas dan cuenta de la importancia de una publicación, y mientras más citas se acumulen, mejor. Sin embargo, las autocitas en ocasiones se relacionan con el deseo de notoriedad de los autores; las citas negativas, por el contrario, ponen en tela de juicio el trabajo de uno o varios autores. No obstante, cuando se cuantifican las citas frecuentemente no se desechan las autocitas y las citas negativas, distorsionando con esto los resultados.

REFERENCIA:
Cope B, Kalantzis M. Signs of epistemic disruption: transformation in the knowledge system of the academic journal. En: The future of the academic journal. Oxford: Chandos; 2009. p. 13-61.

¿QUÉ ES EL INDICE h?

El índice h, de la autoría de Jorge Hirsch, surgió hace pocos años y su uso en México para evaluar a los científicos es amplio; se considera que es la respuesta a las dudas acerca de la utilización de la revista como unidad de medida. El índice está basado en el número de artículos publicados y la frecuencia con que son citados, sin embargo, no diferencia entre la publicación y la cita de las disciplinas y subdisciplinas. Asimismo, parece que otorga más ventajas a los investigadores consolidados que a aquellos que se inician. El índice lo generan automáticamente por las bases de datos.

Los autores interesados pueden obtener su índice h de algunas de las siguientes fuentes:

- Scopus
- Web of Science
- Google Scholar Citations
- Academic Search de Microsoft

REFERENCIAS:

Hirsch J. An index to quantify an individual's scientific research output. Proceedings of the National Academy of Sciences of the United States of America. 2005; 102; 16569-16572.

Mingers J, Macri F, Petrovici D. Using the h-index to measure the quality of journals in the field of business and management. Information Processing & Management 2012; 48: 234-241.

¿CÓMO SE CALCULA EL INDICE h?

Jorge Hirsch, el autor del índice h, lo resume de la siguiente manera:

- Un científico con un índice h de 50 tiene 50 publicaciones, cada una citada 50 o más veces.

Por tanto, el índice h se calcula como el número natural "h" que corresponde a un científico que ha publicado "h" artículos citados "h" o más veces, sin embargo, tiene que tomarse en cuenta que cada disciplina y, por tanto, sus cintíficos, tienen comportamientos diferentes. Asimismo, los artículos con menos citas que "h", no se toman en cuenta en el análisis.

REFERENCIAS:

Hirsch J. An index to quantify an individual's scientific research output. Proceedings of the National Academy of Sciences of the United States of America 2005; 102; 16569-16572.

Iglesias J, Pecharromán C. Scaling the h-index for different scientific ISI fields. Scientometrics 2007; 73:303-320.

¿EXISTE ALGÚN TIPO DE PUBLICACIÓN QUE SEA MÁS CITADO QUE OTRO U OTROS?

Sí. Se trata de los artículos de revisión que frecuentemente se citan más que los artículos de investigación –y alcanzan altos factores de impacto- debido a que citan en una sola publicación los documentos de relevancia para un tema o problema de investigación. El elevado número de citas que reciben se debe a que los científicos utilizan estas revisiones bibliográficas preferentemente para redactar su sección de antecedentes. De esta manera, evitan consultar largas listas de referencias.

Las revisiones bibliográficas aparecen en publicaciones con los títulos de Annual Review..., Advances in..., Review of. . . por ejemplo o en revistas especializadas. Los artículos frecuentemente incluyen las palabras revisión y sus equivalentes en inglés review y overview. Thomson Reuters califica de artículo de revisión a cualquier artículo que tenga más de 100 referencias.

REFERENCIA:

The Thomson Reuters impact factor. Disponible: http://thomsonreuters.com/products_services/science/free/essays/impact_factor/

¿QUÉ ACTIVIDADES DESARROLLA EL GRUPO F1000?

El grupo F1000 está constituido por más de 5000 personas que realizan evaluaciones post publicación; dichas evaluaciones se centran en artículos de las ciencias biológicas y de la salud publicados en revistas prestigiosas de carácter general y especializado. Las calificaciones que se asignan a los artículos se dan a conocer, a diferencia de lo que sucede con las revisiones por pares previas a la publicación de artículos, las cuales son confidenciales.

REFERENCIAS:
Bornmann L. Inter-rater reliability and convergent validity of F1000 Prime peer review. Consultado: http://arxiv.org/ftp/arxiv/papers/1404/1404.0359.pdf

Du J, Tang X, Wu Y. The effects of research level and article type on the differences between citation metrics and F1000 recommendations. Disponible: http://arxiv.org/abs/1501.01076

Waltman L, Costas R. F1000 recommendations as a potential new data source for research evaluation: a comparison with citations. Journal of the Association for Information Science and Technology 2014; 65:433-445.

Wouters P, Costas R. Users, narcissism and control – tracking the impact of scholarly publications in the 21st century. Utrecht: SURF Foundation; 2012.

¿A QUÉ SE LE LLAMA OBSOLESCENCIA?

A la disminución del uso de las publicaciones conforme transcurre el tiempo.

REFERENCIA:
Diodato V. Dictionary of bibliometrics. New York: Hawthorne Press; 1994.

¿DE DÓNDE SE ACOPIAN LOS DATOS PARA ELABORAR LOS ANÁLISIS DE CITAS?

Los índices de citas que tradicionalmente se han utilizado han sido los elaborados por Thomson Reuters, si bien, han surgido otros "competidores" tales como *Scopus, Google Scholar, Chemical Abstracts, SciFinder, SciFinder Scholar, NASA Astrophysics Data System Abstract Service, Optics InfoBase*, PROLA (Physical Review Online Archive), *PsycINFO* y *Scitation/ Spin Web*. Asismismo, otras alternativas son *CiteULike*, CITEBASE o *Publish or Perish*.

| ¿QUÉ SON LOS ÍNDICES DE CITAS? | Son índices que incluyen los documentos publicados en revistas seleccionadas con el fin de indizar los documentos consultados por el autor o autores de dichos documentos y que aparecen en las notas a pie de página o en listas de referencias. |

REFERENCIA:
Diodato V. Dictionary of bibliometrics. New York: Hawthorne Press; 1994.

| ¿CUÁLES SON LOS ÍNDICES DE CITAS UTILIZADOS PARA EVALUAR LA ACTIVIDAD CIENTÍFICA? | Los índices de citas *Science Citation Index (SCI)*, *Social Sciences Citation Index (SSCI)* y *Arts & Humanities Citation Index (A&HCI)*, primero elaborados por el Insitute for Scientific Information y después por Thomson Reuters, agrupados en la *Web of Science* como parte de su plataforma *Web of Knowledge*, han sido utilizados a lo largo de los años como la fuente de mayor influencia en la evaluación de la ciencia, sin embargo, *Scopus* de la compañía Elsevier se ha convertido en un fuerte competidor. No obstante, *Google Scholar* que surge de manera diferente a los índices antes mencionados, puesto que no indiza propiamente las publicaciones que incluye sino que las identifica a través de la web.

Los resultados que se obtienen de cada uno de los recursos arriba citados varían, pero para algunas disciplinas la utilización de *Google Scholar* es la posibilidad de conocer su visibilidad. |

REFERENCIA:
Mingers J, Leydesdorff L. A review of theory and practice of scientometrics. Disponible: http://arxiv.org/ftp/arxiv/papers/1501/1501.05462.pdf

¿QUÉ TAN BIEN ESTÁN CUBIERTAS LAS DIFERENTES DISCIPLINAS CIENTÍFICAS EN LOS ÍNDICES DE THOMSON REUTERS?

De acuerdo con la disciplina de que se trate la cobertura por los índices Thomson Reuters puede ser muy buena, buena o regular:

- Muy buena

  - Biología molecular y bioquímica
  - Ciencias biológicas
  - Medicina clínica
  - Física y astronomía
  - Química

- Buena

  - Física y química aplicada
  - Ciencias biológicas (plantas y animales)
  - Ingeniería
  - Geociencias
  - Matemáticas
  - Psicología
  - Psiquiatría
  - Otras ciencias sociales relacionadas con la medicina y la salud
  - Economía

- Regular

  - Sociología
  - Educación
  - Ciencia política
  - Antropología
  - Artes y humanidades

REFERENCIAS:
Moed HF. Citation analysis in research evaluation. Dodrech: Springer; 2005.

Rehn C, Kronman U. Bibliometric handbook for Karolinska Institutet. Stokholm; Karolinska Institutet; 2008.

¿QUÉ RECURSO PUEDE UTLIZARSE CUANDO SE TRATA DE EVALUAR A LAS CIENCIAS SOCIALES Y HUMANIDADES?	Dada la orientación nacional o regional de las ciencias sociales y de las humanidades, los resultados de las investigaciones se publican en idiomas diferentes a la *lingua franca*. De esta manera, los canales de comunicación que se utilizan no llegan a los índices de citas. Asimismo, los libros constituyen una parte importante de su producción y están escasamente incluidos en las bases de datos de citas. Por tanto, se está recurriendo a *Google Scholar*, si bien su uso se dificulta debido a falta de normalización, duplicación de registros y de citas.

REFERENCIA:
Bornmann L, Thor A, Marx W, Schier H. The application of bibliometrics to research evaluation in the humanities and social sciences: an exploratory study using normalized Google scholar data for the publications of a research institute. Disponible: http://figshare.com/articles/The_application_of_bibliometrics_to_research_evaluation_in_the_humanities_and_social_sciences_an_exploratory_study_using_normalized_Google_Scholar_data_for_the_publications_of_a_research_institute/1293588

¿QUÉ ES EL JCR O JOURNAL CITATION REPORTS?	Es un listado que ofrece, a través del análisis que presenta, la posibilidad de evaluar críticamente las publicaciones científicas más prestigiosas, de acuerdo con las citas recibidas.

¿QUÉ ES EL FACTOR DE IMPACTO?

El factor de impacto es un indicador que frecuentemente se utiliza para evaluar la calidad o la visibilidad de un grupo de países, un país, una o varias instituciones, grupos de investigación o científicos, sin embargo, conviene enfatizar que el factor de impacto sólo debe utilizarse para determinar la popularidad de las revistas y no para medir el desempeño de instituciones, grupos, individuos o artículos. Por tanto, tiene que recurrirse a otras mediciones. Además, su utilización y, más que nada, su interpretación, tiene que hacerse con cuidado puesto que el que aparezca un artículo determinado en una revista con alto factor de impacto no significa que los artículos publicados en ella sean un hito en la disciplina o tengan repercusión social.

En la Declaración de San Francisco o DORA (Declaration on Research Assessment) se discute cómo evaluar la investigación: la calidad o mérito de los artículos y no las revistas donde se publica la investigación.

REFERENCIA:
San Francisco Declaration on Research Assessment (DORA) Disponible: http://www.ascb.org/SFdeclaration.html

¿CÓMO SE OBTIENE EL FACTOR DE IMPACTO?	La fórmula para calcularlo es la siguiente:
	C=A/B donde A= Número de veces que las revistas indizadas en los índices de citas de Thomson Reuters han sido citadas en el lapso de un año (por ejemplo 2013) por los artículos publicados por la revista X durante los dos años previos (por ejemplo 2011-2012) B= Número de artículos publicados en la revista X durante esos dos años (2011-2012) C= Factor de impacto de la revista X en el periodo 2013

REFERENCIA:
The Thomson Reuters impactfactor. Disponible: http://thomsonreuters.com/products_services/science/free/essays/impact_factor/

¿EL FACTOR DE IMPACTO VARÍA DE ACUERDO CON LA DISCIPLINA DE LA REVISTA?

Sí. Por tanto, es conveniente auxiliarse de los listados de categorías que ofrece JCR. De esta manera, el factor de impacto de cada revista debe examinarse conforme a su disciplina. Puede tomarse el factor de impacto anual, el trienal o el quinquenal si quiere verse dónde está el factor de impacto más alto o si ha habido alguna variación. El primero y el último ya lo ofrece JCR. La fórmula para calcular el factor de impacto trienal o quinquenal es la siguiente:

$$C = A/B$$

donde

A = citas en el año X a artículos publicados en los tres o cinco años anteriores

B = artículos publicados en los tres o cinco años anteriores

$C = A/B$ = impacto trienal o quinquenal

REFERENCIA:

The Thomson Reuters impactfactor. Disponible: http://thomsonreuters.com/products_services/science/free/essays/impact_factor/

¿A QUÉ SE LE LLAMA MEDIDA DE POSICIÓN CUANDO SE HACE REFERENCIA AL FACTOR DE IMPACTO?

A asignar a una revista una posición, la cual sirve para lo siguiente:

- Dividir el número de títulos de revistas por disciplina, de una manera similar, es decir, cada conjunto es idéntico
- Identificar los títulos que se ubiquen en posiciones altas o bajas.
- Determinar el prestigio de las publicaciones de acuerdo con su posición.

Las medidas de posición son los cuantiles y sus variantes:

- Terciles: dividen a la distribución en 3 partes
-
- Cuartiles: dividen a la distribución en cuatro partes
- Quintiles: dividen a la distribución en cinco partes
- Deciles: dividen a la distribución en diez partes

- Percentiles: dividen a la distribución en cien partes

Las medidas de posición más comunes en los estudios bibliométricos son los terciles y los cuartiles.

¿PARA QUÉ SE UTILIZAN SNIP Y SCIMAGO JOURNAL RANK (SJR)?	Son medidas que se usan para la evaluación de revistas; toman en cuenta las diferencias disciplinarias, es decir, algunas ciencias son más activas y, por tanto, más citadas que otras.

REFERENCIAS:

González-Pereira B, Guerrero-Bote VP, Moya-Anegón F. A new approach to the metric of journals' scientific prestige: The SJR indicator. Journal of Informetrics 2010; 4:379-391.

Guerrero-Bote VP, Moya-Anegón F. A further step forward in measuring journals' scientific prestige: The SJR2 indicator. Journal of Informetrics 2012; 6: 674-688.

Moed H. Measuring contextual citation impact of scientific journals. Journal of Informetics 2010; 4: 265-277.

¿EN QUÉ CONSISTE EL SJR O JOURNAL RANKING DE SCImago?	Thomson Reuters y Elsevier se refieren al Factor Eigen y SCImago al SJR. Este último determina la influencia o prestigio científico de los títulos de revistas de acuerdo con el número y procedencia de las citas recibidas por una determinada publicación.

REFERENCIAS:

González-Pereira B, Guerrero-Bote VP, Moya-Anegón F. A new approach to the metric of journals' scientific prestige: The SJR indicator. Journal of Informetrics 2010; 4:379-391.

Guerrero-Bote VP, Moya-Anegón F. A further step forward in measuring journals' scientific prestige: The SJR2 indicator. Journal of Informetrics 2012; 6: 674-688.

¿A QUÉ SE LLAMA FACTOR EIGEN?	Este Factor lo utilizan tanto Thomson Reuters como Elsevier para evaluar la importancia de cada una de las revistas de ciencias sociales y naturales y sirve para comparar cómo se comportan las citas recibidas en una determinada disciplina; también, para dar un mayor peso a artículos que son citados varios años después de su publicación, es decir, el Factor Eigen y la Influencia del Artículo se calculan de acuerdo con las citas recibidas en un periodo de cinco años. Asimismo, ha sido empleado para estudiar a científicos.

¿EN QUÉ CONSISTE LA LEY DE BRADFORD?	A la identificación de un núcleo básico de títulos de revistas donde se publica el mayor número de artículos.

REFERENCIA:
Bradford SC. Documentation. Washington, DC: Public Affairs Press; 1950.

¿EN QUÉ CONSISTE LA LEY DE LOTKA?	La Ley de Lotka establece que en una determinada disciplina y periodo cronológico existe un número reducido de científicos que acumula un número elevado de publicaciones en dicha disciplina. Los autores restantes son poco productivos.

REFERENCIA:
Lotka AJ. The frequency distribution of scientific productivity. Journal of the Washington Academy of Sciences 1926; 16: 317-323.

| ¿EN QUÉ CONSISTE LA LEY DE ZIPF? | La Ley se refiere a la frecuencia de las palabras en un texto, es decir, se cuantifica cuántas veces aparece una palabra en un documento. De esta manera, la que aparezca más veces ocupará el primer lugar y así sucesivamente. |

REFERENCIAS:
Zipf GK. Selected studies of the principle of relative frequency in language. Cambridge, MA: Harvard University; 1932.

Zipf GK. The psychobiology of language. Boston: Houghton Mifflin; 1935.

| ¿A QUÉ SE LE LLAMA LEY DEL CRECIMIENTO EXPONENCIAL? | Derek de Solla Price alertó acerca del crecimiento exponencial del conocimiento; analizó varios indicadores de crecimiento tales como el número de científicos, el numero de revistas científicas y de publicaciones de resúmenes, así como el gasto para investigación. Encontró que la literatura científica creció en los dos últimos siglos a una tasa de crecimiento de aproximadamente 5 por ciento que equivale a duplicarse cada quince años. Sin embargo, se ha señalado que no es lo mismo el crecimiento del conocimiento que el de la literatura que equivale al crecimiento del número de publicaciones puesto que el primero es un concepto más abstracto y más difícil de evaluar. |

REFERENCIA:
Price D de Solla. Little science, big science. New York: Columbia University Press; 1953.

Tague J, Beheshti J, Rees-Potter L. The law of exponential growth: evidence, implications and forecasts. Library Trends 1981; 30: 125-149.

| ¿EN QUÉ CONSISTE LA LEY DE PRICE? | A aquella que destaca el número de autores prolíficos en una determinada disciplina, donde el número de esos autores en un determinado lapso es igual a una aproximación a la raíz cuadrada del número total de autores en esa disciplina: los autores más productivos acumulan cerca de la mitad de las publicaciones en la disciplina seleccionada. |

REFERENCIA:
Diodato V. Dictionary of bibliometrics. New York: Hawthorne Press; 1994.

| ¿EN QUÉ CONSISTE EL ÍNDICE DE PRICE? | Es la medición de la actualidad de las citas en un documento, revista o disciplina. Se obtiene al determinar la proporción del número de citas de los últimos cinco años entre el número total de citas. |

REFERENCIA:
Price D de Solla. Citation measures of hard science, soft science, technology and nonscience. En Communication among scientists and engineers. Lexington, MA: Heath; 1970. p. 3-22.

| ¿EXISTEN EVALUACIONES DEL DESEMPEÑO CIENTIFICO, ENTRE OTROS, QUE PERMITAN UNA COMPARACIÓN ENTRE PAÍSES? | Sí. Las más conocidas son las siguientes:

• Academic Ranking of World Universities –conocido como ARWU lo elabora la Shanghai Jiao Tong University. Los indicadores son los siguientes: número de exalumnos y profesores que han obtenido el Premio Nobel o Medallas Fields, investigadores altamente citados de acuerdo con Thomson Scientific; número de artículos en Science y en |

Nature, número de artículos en SCI Expanded y Social Sciences Citation Index y, por último, desempeño con respecto al tamaño de la institución.

- Scimago Institutions Rankings ofrece cuatro indicadores: producción científica -número de publicaciones en revistas científicas incluidas en Scopus-; proporción de colaboración internacional; calidad científica promedio; porcentaje de publicaciones en las revistas más prestigiosas.
- THE World University Rankings o Times Higher Education World University Rankings proporciona trece indicadores que comprenden desde la docencia y la investigación hasta la transferencia de conocimiento, los cuales están agrupados en las siguientes cinco categorías: docencia; investigación; citas; innovación y personal y estudiantes extranjeros. Algunos de sus indicadores están basados en las bases de datos de Thomson Reuters.
- Ranking Web of World Universities utiliza los siguientes criterios para construir sus indicadores: tamaño de la Web; productos de la investigación y, por último, visibilidad.

LA BUENA ¿O MALA? CONDUCTA

¿PUEDE HABLARSE DE CONDUCTAS DUDOSAS EN LA CIENCIA?

En el habla popular de México se dice: una mancha más al tigre para destacar la reiteración de alguna práctica o suceso. En el caso de la ciencia, se ha encontrado que el ascenso en la carrera científica ha estado relacionado, en algunos casos, con conductas dudosas. Algunos han falsificado datos, otros han manipulado experimentos con objeto de producir resultados amañados y redactar resultados basados en experimentos que nunca realizaron. La investigación espuria disfrazada detrás del método científico debilita la legitimidad de la experimentación dando lugar a la confusión entre aportes científicos y fraudes.

A primera vista parece imposible que los científicos logren burlar a la comunidad científica, que puedan engañar a otros integrantes de grupos estrechamente controlados por la sencilla razón de que los científicos usualmente trabajan en grupos y los que forman parte de ellos vigilan el trabajo de sus colegas. Cuando los científicos han concluido sus investigaciones generalmente buscan la publicación de sus resultados en revistas científicas, con el fin de validar su trabajo. Pero, para que un producto de la investigación científica se publique, los editores de las revistas científicas, es decir, los científicos mismos, deben revisar y aprobar los hallazgos, así como descartar los insignificantes para dar paso sólo a los valiosos y significativos.

En teoría, este sistema de revisión parecería a prueba de errores, pero en la práctica falla a menudo. ¿Será que algunos científicos evaden el trabajo de revisar el trabajo de sus colegas? o bien ¿les falta audacia para vencer el reto? Algunos científicos, a menudo los que ocupan puestos prominentes, permiten que sus nombres aparezcan en investigaciones sin haberse preocupado por leerlas. Sin embargo, aun editores altamente responsables de su trabajo no tienen la certeza de que la información enviada para publicación sea real o ficticia. Si el investigador trabaja en una institución de prestigio ¿quién va a dudar de su credibilidad?, pero pese a ello, se han realizado estudios acientíficos en instituciones de gran reputación.

Se dice que, a su manera, algunos de los científicos del mundo han teñido con tinta negra ratones blancos. Uno de ellos, Sir Isaac Newton parece que falseó sus cálculos matemáticos para persuadir al mundo de la existencia de la gravedad, una fuerza de la naturaleza. Gregor Mendel, el padre de la genética, se cree que falsificó datos para apoyar su teoría. En las letras se dice que *La fiesta del chivo* de Mario Vargas Llosa coincide enormemente con *Trujillo, la muerte del chivo* del periodista Bernard Diederich.

Las imperfecciones del arbitraje evidencian los problemas sociales que existen en la comunidad científica. El proceso de revisión continúa, es inequitativo así como humillante, dado que frecuentemente impide la publicación de aportes a la ciencia. A los revisores los motivan sus intereses, por lo tanto están sesgados, pero es verdad que el sistema de comunicación de la ciencia requiere de revisiones frecuentes, pero quizá, más que nada que desaparezcan las prácticas desleales de revisores y editores.

Hay que recordar que el sistema de arbitraje en la ciencia comprende el uso sistemático de revisores para validar la aceptación de manuscritos enviados a publicación. El revisor es así un ejemplo de juez encargado de evaluar la calidad en un sistema social. La existencia de expertos a cargo de la validación de los resultados de investigación, en consecuencia, parece indispensable si es que se va a publicar información nueva, importante y válida.

REFERENCIAS:
Broad W, WadeN. Betrayers of the truth. New York: Simon and Schuster; 1982.
Gilbert S. Medical fakes and frauds. New York: Chelsea House; 1989.

Roy R. Science publishing is urgently in need of reform. The Scientist 1993; Sep. 6: 11.

Zuckerman H, Merton RK. Patterns of evaluation in science: institutionalisation, structure and functions of the referee system. Minerva 1971; 9: 66-100.

¿QUIÉNES SE PORTAN MAL EN LA PRÁCTICA CIENTÍFICA?

Se ha señalado que tanto los autores como los revisores y los editores pueden dar pruebas de deshonestidad a lo largo del proceso de investigación. A continuación se señalan algunas de esas malas prácticas de autores, revisores y editores:

- Autores:
  - Describir datos inexistentes.
  - Hacer referencia a documentos inventados.
  - Falsificar datos auténticos o distorsionarlos deliberadamente.

- Presentar las ideas o palabras de otro u otros autores sin reconocerlo explícitamente (plagio), incluyendo violación deliberada del derecho de autor.
- Excluir a un autor.
- Incluir en la autoría a un autor que no participó en la investigación.
- Dar información falsa sobre el estado de la publicación.
- Revisores
  - Falsificar hechos o mentir al hacer una revisión.
  - Retrasar sin razón alguna una revisión para obtener beneficio personal.
  - Apropiarse de ideas o texto de un manuscrito en revisión.
- Editores, comités o personal editorial.
  - Inventar o fabricar el dictamen de un revisor.
  - Mentir a un autor acerca del proceso de revisión.
  - Hacer suyas ideas o texto de un manuscrito en revisión.

REFERENCIAS:

Chubin DE. Misconduct in research: an issue of science policy and practice. Minerva 1985; 23: 175-202.

LaFollette MC. Stealing into practice: fraud, plagiarism, and misconduct in scientific publishing. Berkeley: University of California; 1992.

¿QUÉ SE ENTIENDE POR ANFIPATÍA?	Se llama anfipatía al trato diferenciado que se da a los manuscritos extranjeros y a los nacionales. Se ha sugerido a los revisores mexicanos que tengan una actitud más ecuánime y constructiva cuando se trate de artículos enviados a publicación por compatriotas.

REFERENCIA:
Zárate A. El doble estándar (anfipatía) que caracteriza a algunos científicos mexicanos en su actuación como revisores de manuscritos y proyectos de investigación. Ciencia 1999; 50:55-56.

¿POR QUÉ SE PORTAN MAL LOS CIENTÍFICOS, LOS REVISORES Y LOS EDITORES?	Se ha dicho que los autores son deshonestos por las siguientes causas: • Presiones del sistema científico. • Ambición por sobresalir. • Querer ser famosos. • Avidez por la riqueza. • Mesianismo. • Enfermedad mental. • Incapacidad para distinguir el bien del mal.

REFERENCIA:
Kwok LS. The White Bull effect: abusive coauthorship and publication parasitism. Journal of Medical Ethics 2005; 31:554-556.

¿CUÁNDO COMIENZA UN CIENTÍFICO A PORTARSE MAL?

La mala conducta en la vida profesional puede ser continuación de la cadena iniciada a edad temprana puesto que hablar de mala conducta nos lleva al pasado, a los días de la escuela primaria donde, si bien una calificación reprobatoria en "conducta" no necesariamente se relacionaba con el desempeño académico, sí era la causa de expulsión de no pocos escolares. En algunos casos quizá hubo inflexibilidad de los profesores al no entender porqué los niños se salían de los cánones escolares, pero también incomprensión o ignorancia al confundir la hiperactividad y la rebeldía.

Investigaciones hechas en varios países dan a conocer que los estudiantes universitarios adolecen del defecto de ser deshonestos. Entre sus faltas más comunes se encuentran las siguientes:

- Falsificar o alterar documentos oficiales.
- Presentar un trabajo por otro estudiante.
- Esconder o dañar los recursos de información de la biblioteca.
- Comprar trabajos o calificaciones.
- Plagiar párrafos o textos completos.
- Fingir ser otro estudiante a la hora de presentar exámenes.
- Copiar las respuestas a los compañeros.
- Llevar acordeones a los exámenes.
- Falsificar los resultados de experimentos.
- Dar excusas falsas.

Se define a la deshonestidad académica o mala conducta académica, como también se le llama, a: "cualquier cosa que le dé a un estudiante ventaja ilícita sobre otro". Por tanto, ¿en qué momento debe comenzarse a fomentar valores tales como la honestidad, confianza, rectitud, respeto y responsabilidad?

REFERENCIAS:
Christensen Hughes JM, McCabe DL. Understanding academic misconduct. Canadian Journal of Higher Education 2006; 36; 49-63.

The fundamental values of academic integrity. Durham, NC: Duke University, Center for Academic Integrity; 1999.

Mullens A. Cheating to win. University Affairs 2000; December: 22-28.

¿LA CONDUCTA ÉTICA DEBE APLICARSE A DIFERENTES ASPECTOS DEL PROCESO DE INVESTIGACIÓN?

Sí, y no importa que se trate de investigadores profesionales o en formación; ambos grupos deben actuar con corrección. Entre las conductas que deben seguir se encuentran las que a continuación se dan:

- Honestidad: los investigadores no deben fabricar, falsificar o mal representar datos o resultados. Deberán ser objetivos, libres de sesgos y apegados a la verdad a lo largo del proceso de investigación.
- Esmero: los científicos profesionales deben evitar errores en la investigación, especialmente a la hora de presentar los resultados. Deben reducir a un mínimo los errores experimentales, metodológicos y humanos, así como evitar las falsas orientaciones, autoengaños y los intereses encontrados, o conflictos de interés.

Imparcialidad: los investigadores deben compartir datos, resultados, métodos, ideas, técnicas e instrumentos. Deben permitir que otros científicos revisen su trabajo y estar abiertos a la crítica y a nuevas ideas.

• Libertad: Los científicos son libres de realizar investigación sobre cualquier problema o hipótesis. Debe permitírseles desarrollar nuevas ideas y criticar las antiguas.

• Reconocimiento: Debe darse el reconocimiento cuando es debido, pero no cuando no se merece.

• Formación: Los científicos deben formar a futuros científicos y asegurarse que aprendan a hacer buena ciencia. También, los científicos deben formar e informar a los legos acerca de lo que es la ciencia.

• Responsabilidad social: Los científicos no deben causar daño a la sociedad sino producir beneficios sociales. Los científicos deben ser responsables de las consecuencias de su investigación y deben informar a la sociedad sobre sus consecuencias.

• Legalidad: En el proceso de investigación los científicos deben obedecer las leyes relacionadas con el trabajo que realizan.

• Oportunidad: No debe negarse a los científicos la oportunidad de utilizar recursos científicos y avanzar en la profesión.

• Respeto mutuo: Los científicos deben tratar a sus colegas con respeto.

• Eficiencia: Los científicos deben utilizar los recursos eficientemente.

Respeto por los sujetos de estudio: Los científicos no deben violar los derechos o la dignidad de los sujetos objeto de estudio. Los científicos deben tratar a los animales de experimentación o a otros sujetos con el respeto y cuidado debido cuando se utilicen en experimentos.

REFERENCIA:
Resnik DB. The ethics of science: an introduction. London: Routledge; 1998.

¿SE PUEDEN RETRACTAR LOS CIENTÍFICOS?

La práctica de retractarse de las investigaciones o las correcciones va en aumento, si bien el descubrir la falta de honestidad y de esmero de los científicos no es tarea sencilla; algunas veces son los editores quienes reciben cartas cuestionando la validez de los resultados de investigación, otras son las instituciones de adscripción de los científicos quienes inician las averiguaciones, sin embargo, se ha dicho que la comunidad científica tiene dos obligaciones con respecto a los artículos fraudulentos: 1) alertar a los científicos para que los ignoren y 2) evitar que los científicos inadvertidamente citen dichos artículos, pero ¿y los editores y los revisores? ¿cuántos artículos fraudulentos se han identificado al momento de recibirlos o de revisarlos? Las formas para identificar el fraude en un artículo son varias: los editores de revistas y los comités de ética pueden solicitar las bitácoras de investigación que los científicos deben conservar durante varios años. Las instituciones pueden pedir informes a los coautores sobre los artículos cuestionados, o, en algunos países las oficinas de integridad científica se involucran en la detección de fraudes científicos.

REFERENCIAS:

Amos KA. The ethics of scholarly publishing: exploring differences in plagiarism and duplicate publication across nations. Journal of the Medical Library Association 2014; 102: 87-91.

Bornmann L, Nast I, Daniel HD. Do editors and referees look for signs of scientific misconduct when reviewing manuscripts? A quantitative content analysis of studies that examined review criteria and reasons for accepting and rejecting manuscripts for publication. Scientometrics 2008; 77:415-432.

Sox H, Rennie D. Research misconduct, retraction, and cleansing the medical literature: lessons form the Peohlman case. Annals of Internal Medicine 2006; 144:609-613.

¿QUÉ PUEDE HACERSE PARA REDUCIR LOS FRAUDES EN LA CIENCIA?

Se dice que para reducir los fraudes es necesaria una vigilancia estrecha entre colegas evitaría la mala conducta. Algunos científicos han argumentado que ellos no serán quienes delaten o sus colegas y que se debería reflexionar aún más sobre el proceso de revisión por pares.

REFERENCIAS:

Ioannidis JPA. Why most published research findings are false. PLoS Medicine 2005; 2:696-701.

Mojon-Azzi S, Mojon DS. Scientific mmisconduct: from salami slicing to data fabrication. Ophthalmologica 2004; 218(1).

Vastag B. Cancer fraud case stuns research community, prompts reflection on peer review process. Journal of the National Cancer Institute 2006; 98: 374-376.

¿LA MALA CONDUCTA ES MÁS FRECUENTE EN ALGUNA O ALGUNAS DISCIPLINAS?

No, la mala conducta no está circunscrita a una sola disciplina puesto que va de la astronomía a la zoología y a la arqueología. Sin embargo, en las ciencias biológicas parece que hay más fraudes que en otras ciencias quizá debido a que éstos han recibido una mayor publicidad y a que las ciencias biológicas son más susceptibles al fraude. Por tanto, la búsqueda bibliográfica es importante que se haga con cuidado. La National Library of Medicine de Estados Unidos, igual que los índices de Thomson Reuters dan a conocer los artículos cuyos autores se han retractado, lo cual es importante para evitar que un artículo retirado o retractado continúe recibiendo citas. También, CrossMark es de ayuda para identificar artículos en pdf que han sido retractados o corregidos (http:www.crossref.org/crossmark/).

REFERENCIAS:

Jia H. Frequent cases force China to face up to scientific fraud. Nature Medicine 2006; 12: 867.

LaFollette MC. Observations on fraud and scientific integrity in a digital environment. Journal of the American Society for Information Science 2000; 51:1334-1337.

¿EXISTEN ASPECTOS ÉTICOS RELACIONADOS CON LA COMUNICACIÓN CIENTÍFICA?

Sí, y son los siguientes:

- Objetividad en la publicación: los documentos que se someten a publicación [o en la categoría de tesis o presentaciones en reuniones académicas] deberán estar escritos con honestidad y objetividad.
- Dar el crédito cuando sea necesario: incluir en la autoría a quienes realizaron una investigación; citar

a una persona, discutir su trabajo o mencionar a alguien en la sección de agradecimientos.

- Propiedad intelectual: los científicos buscan patentar sus inventos, proteger por medio del derecho de autor sus obras originales tales como artículos científicos, libros, dibujos, conferencias y páginas web, además de resguardar el conocimiento por medio del secreto. En este último caso, se entra en conflicto al cerrarse el conocimiento al exterior; el derecho de autor y el registro de patentes, por el contrario, aseguran la propiedad a cambio de la apertura pública.
- Dar el crédito a quien lo merece contribuye a evitar el plagio o robo intelectual.

REFERENCIA:
Resnik DB. The ethics of science: an introduction. London: Routledge; 1998.

| ¿A QUÉ SE LE LLAMA CONFLICTO DE INTERÉS? | Al hecho de involucrar no sólo a científicos sino también a grandes compañías. |

REFERENCIA:
Pitrelli N. The public way to peer-review. JCOM 2004; 3(1)

| ¿DEBEN LOS AUTORES INFORMAR A LA REVISTA SI HAY ALGÚN CONFLICTO DE INTERES? | Sí, y de hecho hay una buena cantidad de publicaciones que piden a los autores que escriban una carta donde manifiesten si tienen algún conflicto de interés. |

¿LA PUBLICACIÓN DEL MISMO ARTÍCULO EN MÁS DE UNA REVISTA CONSTITUYE UN FRAUDE?	Sí. Un artículo sólo se debe publicar una vez o se estará cometiendo un fraude.

REFERENCIA:
Laurent GJ, Radola BJ, Breen CG. A case of scientific fraud. International Journal of Biochemistry and Cell Biology 2007; 36:2007.

¿EXISTEN PRÁCTICAS DESHONESTAS EN LA AUTORÍA?	Las prácticas deshonestas de la coautoría son tema recurrente en la literatura científica, si bien en los últimos años se ha dado más atención a las autorías fantasma y de cortesía, al grado de quedar incluidas en lo que se llama "El efecto del toro blanco".

REFERENCIA:
Gretzche PC, Kassierer JP, Wooley KL, Wager E, Jacobs A, Gertel A, Hamilton C. What should be done to tackle ghostwriting in the medical literature? PLoS Medicine 2009; 6:e1000023.doi:10.1371/journal.pmed.1000023.)

¿A QUÉ SE LE LLAMA "EFECTO DEL TORO BLANCO"?	Se refiere a la seducción de Europa, de acuerdo con la mitología griega, por un toro blanco -o Zeus disfrazado-. De esta manera, se dice que "El Efecto del Toro Blanco" se aplica a los ambiciosos que con bajo riesgo buscan recompensas: son aquellos que por medio de su experiencia y conducta tortuosa explotan las ambigüedades en la práctica científica para prosperar en ella

REFERENCIA:
Kwok LS. The White Bull effect: abusive coauthorship and publication parasitism. Journal of Medical Ethics 2005; 31: 554-556.

¿SE PRESENTAN CONFLICTOS DE INCLUSIÓN-EXCLUSIÓN DE AUTORES?

Los conflictos por inclusión-exclusión en las autorías pueden ser de dos tipos:

- Inclusión de nombres de personas que escasamente o nada tuvieron que ver con la investigación: autoría de cortesía.
- Exclusión de nombres de personas que participaron en la investigación: autoría fantasma.

Por tanto, se sugiere que los autores discutan la autoría no sólo al comienzo de la investigación sino conforme se va avanzando en ella y empiezan a surgir los productos del proyecto. Para ello se definen una serie de conceptos relacionados con la autoría que es conveniente tener en mente:

- Agradecimientos: la inclusión de los nombres de quienes participaron en la investigación, pero no merecen la autoría es obligada (algunas revistas requieren que los nombrados estén enterados de que sus nombres aparecerán en la sección mencionada.
- Apelaciones: una persona puede solicitar a una revista que se retire su nombre de la autoría cuando se ha incluido sin su consentimiento. El ombudsman de la revista puede juzgar el caso.
- Contribución: los autores deben señalar en qué consistió su colaboración en el trabajo.
- Autor corresponsal: es la persona encargada de la correspondencia con la revista y con la solicitud de sobretiros. Algunos autores ven a la corresponsalía como una prueba de superioridad.

- Primero y último autores: algunas veces quien aparece en primer término en la autoría es quien más contribuyó. El último autor, algunas veces, es honorario o invitado.

- Autores fantasma: pueden ser de dos categorías: en la primera se incluye a los redactores profesionales cuyo papel no es mencionado en los agradecimientos; se trata de autores que no tomaron parte en el diseño de la investigación o en el acopio o interpretación de los datos. En la segunda categoría se encuentran los autores que habiendo participado en la investigación no pasaron a formar parte de la autoría.

- Autorías de "cortesía": corresponden a personas que aparecen en las autorías sin haber hecho una contribución significativa a la investigación; a menudo son personas que ocupan puestos altos y cuyos nombres se incluyen para buscar favores. Otra acepción comprende la inclusión de colegas en el entendimiento de que hará lo mismo, sin importar si hubo o no contribución sino sólo para abultar la lista de publicaciones.

- Autorías grupales: algunas revistas permiten el uso de autorías grupales, mientras que otras piden se identifique a quienes forman parte del grupo. Autor garante: al menos una o dos personas de las mencionadas en la autoría deben ser responsables de la investigación desde su concepción hasta la publicación.

- Instrucciones a los autores: dadas las diferencias en las instrucciones a los autores de una publicación a otra, es recomendable la revisión cuidadosa de la revista seleccionada para enviar el manuscrito.

- Número de autores: no hay reglas acerca de cuántos autores deben intervenir en un artículo. Hoy en día la mayoría de las bases de datos incluyen la autoría completa, sin embargo, más que decidir cuántos autores deben aparecer en la autoría, conviene dejar establecido quiénes merecen ser considerados autores, si bien mientras más autores haya más tiempo se tardará el manuscrito en estar concluido.
- Orden de los autores: el orden de los autores debe ser una decisión de ellos mismos, de preferencia tomada antes de iniciar el proyecto.
- Con respecto al número de autores en una publicación, ya se mencionó que en 2006, más de 100 artículos tuvieron 500 coautores y un artículo en física tuvo 2,512 coautores. Sin embargo, también se alerta sobre los cambios que se han presentado en la era de la Internet. Las publicaciones, -algunas de ellas de dudosa honestidad- tradicionalmente se han identificado con una autoría y una dirección postal; en el otro extremo se encuentran las publicaciones de blogueros, de calidad, pero con identidades escondidas detrás de un seudónimo y direcciones de Internet que no pueden rastrearse.

REFERENCIAS:

Albert T. How to handle authorship disputes: a guide for new researchers. Coppe Report 2003: 32-34.

Charlton BG. Figureheads, ghost-writers and psudonymous quant bloggers: the recent evolution of authorship in science. Medical Hypotheses 2008; 71: 475-480.

Sekercioglu CH. Quantifying coauthor contributions. Science 2008; 322:371

¿QUÉ ES EL PLAGIO?

Se ha dicho que el plagio es la peor de las malas conductas y se ha definido como un pecado. También que es el acto deliberado o accidental de presentar las ideas de otro como si fueran propias, sin embargo, es lícito utilizar ideas o palabras de otros si se reconoce explícitamente al autor o autores de los mismos Si el plagio es el uso que se hace de las ideas o palabras de otros, publicadas o no, aunque parezca inverosímil, también existe el autoplagio, o sea el uso de partes de trabajos previos del mismo autor sin citarlas formalmente, lo cual viola el derecho de autor cuando éste se ha cedido al editor.

REFERENCIAS:
Gollogly L, Momen H. Ethical dilemas in scientific publication: pitfalls and solutions for editors. Revista de Saúde Pública 2006; 40: 24-29.

Loui MC. Seven ways to plagiarize: Handling real allegations of research misconduct. Science and Engineering Ethics 2002; 8: 529-539.

Maddox J. Plagiarism is worse than mere theft. Nature 1995; 376: 721.

Mulderig GP. The Heath guide to writing the research paper. 2 ed. Lexington, MA: Heath; 1995.

Plagiarism glossary: University of Leeds. Disponible: http://www.ldu.leeds.ac.uk

World Association of Medical Editors. Publication ethic policies for medical journals. Disponible: http://www.wame.org/resources/ethics-resources/publication-ethics-policies-for-medical-journals

| ¿ES POSIBLE DETECTAR EL PLAGIO? | Sí. Existen algunos programas de cómputo que ayudan a detectarlo, por ejemplo, los siguientes analizan textos en diferentes disciplinas escritos en lengua inglesa: eBlast, Crosscheck, Ithenticate, grammarly. com. Otros programas sirven para identificar textos en varios idiomas además del inglés tales como Copy Catch, Turnitin, Safe Assignment o Desktop Plagiarism Checker.

Asimismo, Google constituye un valioso auxiliar para identificar textos plagiados. |

REFERENCIA:
Kannan S, Gowri S. Anti-plagiarism software in biomedical literature. Journal of Scientometric Research 2014; 3: 93-94.

| ¿A QUÉ SE DEDICAN LAS OFICINAS DE INTEGRIDAD CIENTÍFICA ESTABLECIDAS EN ALGUNOS PAÍSES? | Las oficinas intervienen cuando se sospecha de la mala conducta de los científicos que realizan investigaciones, principalmente las apoyadas con fondos gubernamentales y piden la colaboración de la comunidad científica sobre artículos cuestionados. |

| ¿QUÉ SIGNIFICA NÍHIL ÓBSTAT? | Significa que se acepta la publicación del manuscrito, es decir, que se le está dando el níhil óbstat, o nada se opone, no hay objeción, que utilizaban los censores para autorizar la publicación eclesiástica de un texto |

| QUÉ SIGNIFICA IMPRIMÁTUR? | Significa el permiso para imprimir, es decir, la licencia dada por la autoridad eclesiástica para la impresión de un libro. |

Made in the USA
Las Vegas, NV
06 October 2022

56646741R00135